팀 잉골드의 인류학 강의

왜 그리고 어떻게 인간을 연구하는가

팀 잉골드의
인류학 강의

팀 잉골드 지음 ㅣ 김지윤 옮김

프롬북스
frombooks

차례

1장

인간에 대한 진지한 접근

2장

유사점과 차이점

3장

분열된 학문

ANTHROPOLOGY

인간에 대한 진지한 접근

사람 속에서 사람과 함께

/

'우리는 어떻게 살아야 하는가?' 인류가 늘 이 문제를 숙고해왔다는 사실은 의심의 여지가 없다. 어쩌면 바로 이 물음이 우리를 인간으로 만들어주는 것인지도 모른다. 인간이 아닌 다른 동물들에게는 이런 물음이 거의 발생하지 않는다. 각각의 동물들은 그저 자신만의 방식으로 살아가는 데에 몰두할 뿐이다.

인간 삶의 방식, 즉 행동하고 말하고 생각하고 이해하는 방식은 거저 얻어진 것이 아니다. 미리 결정되는 것도, 최종적으로 확정된 것도 아니다. 생활방식은 살아가는 방법을 결정하는 중요한 문제이며, 매순간 다른 방향으로 향할 수도 있는 가능성을 억제하는 역할을 한다. 물론 어떤 방향이 다른 방향보다 더 정상적이거나 자연스럽다고 할 수는 없다. 걸어간 자리에 길이 만들어지듯이 우리는 선조들의 발자취를 따라감으로써 길을 만들고 살아가는 동안 계속해서 필요할 때마다 즉석에서 삶의 방식을 만들어야 한다. 이는 혼자서가 아니라 다른 이들과 함께 하는 것이다. 삶이란 밧줄에 있는 한 가닥 실처럼 얽히고설키는 것이다. 밧줄의 실들은 긴장과 해소가 번갈아가며 순환하는 과정에서 다른 실들과 함께 상호적으로 반응한다. 어떤 가닥도 영원히 지속되지는 않는다. 어떤 실들은 사라지고 어떤 실들은 합류한다.

인간의 삶이 사회적인 이유도 이와 같다. 어떻게 살아갈지에 대한 질문에 해답을 찾는 것은 영원히 끝나지 않을 집단적인 과정이다. 결국 모든 삶의 방식이란 삶에 대한 공통체적 실험을 의미한다. 이는 삶의 문제에 대한 해법이 되지는 못한다. 목적지를 모르면 그곳에 도달하는 방법을 알 수 없는 것과 마찬가지다. 하지만 문제에 '접근하는' 방법이기는 하다.

가능한 한 광범한 접근을 통해 배우기 위해서 그 자체로 도전할 만한 가치가 있는 연구 분야를 찾아보자. 배경과 생계, 거주 장소와 환경이 어떻든 세상 모든 사람들의 경험과 지혜, 생활방식에 대한 의문을 해결하는 데에 이용할 수 있는 분야를 찾자는 뜻이다. 내가 이 책에서 논하려는 것이 바로 그러한 분야다. 나는 이를 '인류학'이라 부르려 한다. 당신이 생각하는 그 인류학과는 다를지도 모른다. 혹은 인류학자라고 자칭하는 많은 이들이 연구하는 것과도 다를 것이다. 인류학이라는 학문에 대한 개념과 오해가 넘쳐나기 때문에 그것들을 모두 검토하자면 지루할 테지만 말이다.

인류학을 배웠던 학생이자 가르치는 사람으로서 내 연구 경력으로부터 형성된 개인적인 시각을 제시함에 있어 사과할 생각은 없다. 어쩌면 인류학이라는 학문은 내가 그래야 한다고 생각하는 것보다 덜 중요할지도 모른다. 하지만 이러한 점은 다른 학문들과 달리 인류학에서는 약점이 아니라 활력의 징후가 될 수도 있다.

뭐가 됐든 인류학은 언제나 현재진행형의 학문일 것이다. 사회적 삶이 계속되는 한 인류학도 끝나지 않을 것이기 때문이다. 그러므로 인류학의 역사는 처음부터 끝까지 하나의 스토리로 이야기할 수 없다. 또한 수세기에 걸친 실수와 무지, 편견을 부수고 마침내 지성의 시대를 연 것처럼 스스로의 영예에 만족할 수도 없다. 아직 해야 할 일이 남아있다. 이 책은 인류학의 과거를 다시 말하는 동시에 미래를 위한 인류학을 다시 만들기 위한 것이라 할 수 있다.

당신은 '어떻게 살아야 하는가'에 대한 문제는 철학이 풀어야 한다고 생각할지도 모른다. 어쩌면 맞는 말일 수도 있다. 이 문제는 결국 세상을 살아가는 인간 실존의 가장 근본적인 부분을 건드린다. 우리는 스스로를 인간이라 부른다. 그렇다면 인간이라는 것은 무엇을 의미하는가? 종種으로서 우리를 지칭하는 과학용어는 '호모 사피엔스Homo sapiens'다. 그런데 그 이름이 뜻하는 현명함 혹은 지혜로움은 무엇으로 구성되어 있는가? 우리는 어떻게 이토록 독특하고 다양한 방법으로 이해하고 생각하며 상상하고 지각하며 행동하고 기억하고 배우는 것은 물론 언어를 통해 대화하며 다른 이들과 함께 살아가는가? 어떤 방법으로, 또 어떤 원리를 통해 스스로 사회를 조직하고 제도를 만들고 재판을 하며 권력을 행사하고 폭력적인 행동을 저지르며 환경에 적응하고 신을 숭배

하며 환자들을 돌보고 죽음에 맞서는 등의 행위를 하는가? 질문을 하자면 끝이 없고 이에 대한 이야기는 철학자들이 상세히 다루었다. 인류학자들 역시 마찬가지다.

하지만 다른 점도 있다. 철학자들은 평범한 삶의 지저분한 현실에 직접적으로 관여하기보다는 대개가 죽은 백인 남성인 그들 자신과 같은 사상가들의 경전을 통해 학문적인 질문에 파고드는 고독한 영혼들이다. 반면 인류학자들은 세상 속에서 철학을 하는 사람들이다. 그들은 연구대상인 사람들 속에서 그들과 함께 관찰, 대화, 현실적 참여를 통해 깊이 개입함으로써 연구한다. 연구대상은 경험과 관심의 특수성에 따라 달라지지만 원칙적으로는 어디든 어떤 사람이든 될 수 있다. 내가 내리는 인류학의 정의는 사람 속에서 사람과 함께하는 철학이다.

인류 역사상 지금보다 이런 철학이 더 필요했던 때는 없었다. 세상이 티핑 포인트tipping point에 직면했다는 증거는 우리 주변에 만연해 있고 더 이상 되돌릴 수도 없다. 전 세계 인구는 76억으로 추산되는데 금세기가 끝날 때쯤이면 110억이 넘을 것으로 보인다. 지구에는 어느 때보다도 많은 사람이 살고 있으며 평균수명 역시 길어졌다. 세계 인구의 절반 이상이 도시에 거주하고 대부분의 사람들은 그들의 선조와는 달리 땅을 직접 경작해서 생계를 꾸려나가지 않는다. 전 지구적으로 식량과 상품의 공급망이 존재하기 때문이다. 산림은 황폐해지고 있고 경작지의 상당 부분이 콩과 야자기름을 재배하는 땅으로 바뀌었으며 온 지구를 파헤치는 광업이 만연하다. 산업, 무엇보다도 화석연료를 대량으로 태우는 산업은 세계 기후에 영향을 주고 있으며 잠재적으로 대재앙을 불러일으킬 가능성도 높아지고 있다. 또 많은 지역에서 물과 생필품이 부족해져 대량학살을 일으키는 갈등이 촉발되었다.

기이하게도 부유해지는 것은 소수뿐이다. 그 소수의 사람들은 계속되는 불안정, 빈곤, 질병으로 고통 받는 나머지 수백, 수천 만 명의 요구사항은 무시한 채 전례 없는 규모로 환경을 파괴하고 많은 지역을 황폐하게 만들었다. 또 그들이 영원히 자연으로 돌아가지 못하는 위험한 폐기물로 토지와 바다를 괴롭히는 동안에도 세상은 여전히 생산, 유통, 소비 시스템의 지배를 받고 있다. 인류가 끼친 이러한 영향은 돌이킬 수 없고 지구상에서 인간이라는 종이 존재했던 기간보다 더 오래 지속될 수도 있다. 어떤 이들은 지구의 역사에서 새로운 시대가 시작되었다고 단언하기도 하는데 일리 있는 주장이다. 바로 '인류세人類世, Anthropocene'다.

매우 불안정한 상태의 이 세상은 우리의 단 하나뿐인 세상이다. 아무리 다른 행성에서의 삶을 꿈꾼다고 해도 이곳을 탈출할 수 있는 방법은 없다. 또 과거로 돌아가 지금의 상황을 바꿀 수도 없는 노릇이다. 우리는 우리가 있는 이곳에서만 살며 여기에서의 삶을 영위할 수 있을 뿐이다. 오래전 카를 마르크스가 말했던 것처럼 인류는 스스로 선택하지 않은 상황하에서 자신의 역사를 써나가고 있다.[1] 우리는 다른 시간에 태어나기를 선택할 수 없다. 우리가 현재 처한 상황은 과거 세대의 행동으로 말미암아 형성되었으며 되돌릴 수 없다. 우리 자신의 행동 역시 미래에는 변경 불가능한 상황을 만들 것이다. 그렇다면 우리는 지금 어떻게 살아야 할까? 앞으로 살아갈 세대를 위해서 말이다. 다른 누군가를 배제하지 않고 모든 사람들의 삶을 지속할 수 있는 방법은 무엇일까?

이런 중요한 문제를 다루기 위해서는 받을 수 있는 모든 도움을 받아야 한다. 해답은 저기 어딘가에 그냥 떨어져 있는 것이 아니라 파헤쳐서 찾아야 하기 때문이다. 어떤 교리나 철학에서도 이 비밀을 알아낼 수 없을 것이다. 과학의 어떤 분야나 토착적 세계관에서도 마찬가지다. 또한 궁극적인 해결 방법 역시 존재하지 않는다. 역사는 이 해답을 찾기 위한 기념비적 시도들로 가득 차 있다. 삶이 계속되는 한 반드시 실패할 수밖에 없는 시도들이다. 폐허에서 길을 찾는 것은 우리 모두의 과제이다. 인류학은 그 길을 찾기 위해서 시작되었다. 불확실한 세상에서 인류학이 그토록 중요한 것도 이 때문이다.

정보나 지식이 부족한 것은 문제가 아니다. 오히려 세상에는 정보가 넘쳐나고 디지털 기술의 발전에 따라 거의 홍수를 이루고 있다. 최근 연구에 따르면 매년 약 250만 개의 과학 논문들이 출간되고 있으며, 1665년 이후 출간된 논문의 개수는 5,000만 개가 넘는다고 한다.[2] 전문적인 데이터 수집 장비와 정교한 모델링 기술로 무장한 전문가들은 그들의 전망을 내놓으려 혈안이 되어 있다. 현재의 어려움을 더 잘 표현할 수 있는 맥락을 제공하는 예술과 인문학 분야 학자들

"

내가 말하는 인류학은 '지식상품' 사업과 전혀 관계가 없고 세상과 완전히 다른 관계를 갈망한다. 연구의 대상인 사람들 속에서 살아가는 인류학자에게 세상은 연구의 대상이 아니라 자신이 살아가는 환경이다.

"

의 말에 귀 기울이는 것과 마찬가지로 저들 전문가의 의견에도 주목해야 한다. 무엇보다 모든 과학자와 인문학자들에게는 저 너머의 어떤 곳, 말하자면 저 위의 세상이나 멀리 있는 세계를 가늠하고 판단할 수 있다는 공통점이 있다. 평범하게 일상을 살아가는 사람들은 그들의 영향력을 거부하지만 과학자와 인문학자들은 과거를 돌아보고 세상이 어떻게 돌아가는지를 판단할 수 있다.

그들은 우리가 이해하는 수준을 넘어서는 것들을 설명할 수 있다고 공언한다. 물리학자들은 우주의 작용을 해석하고 생화학자들은 생명의 작용을, 신경과학자들은 뇌를, 심리학자들은 마음을, 정치학자들은 국가를, 경제학자들은 시장을, 사회학자들은 사회를 설명한다. 다른 분야도 마찬가지다. 학문적인 역사를 살펴보면 인류학자들 또한 다른 사람들의 작품과 삶을 해석하거나 해설할 수 있는, '사회적' 혹은 '문화적'이라고 다양하게 명명되는 맥락을 설명하기 위해 비슷하게 고귀한 힘을 주장해왔다.

이 주장에 대해서는 뒤에서 더 얘기할 것이다. 하지만 그렇다고 내가 그 의견에 찬성한다는 것은 아니다. 여기서 내가 개진하려는 인류학에는 다른 목적이 있다. 다른 사람들의 방식을 설명하거나 해석하기 위함이 아니다. 있는 그대로 두자거나 '이미 이해된 대로' 내버려두자는 것도 아니다. 오히려 그들의 존재를 공유하고 삶에 대한 그들의 실험을 배우면서 인간의 삶과 그 미래가 어떨지, 그것에 어떤 가능성이 있을지에 대한 우리의 상상과 관계있는 경험을 이야기하려는 것이다.

나에게 인류학이란 상상력과 경험의 연대를 통해 발전하는 것이다. 내가 생각하는 인류학의 주요 의제는 지식의 양이 아니다. 다른 학문 분야에 기여할 수 있도록 정보를 지식상품으로 바꾸기 위해 세상을 뒤지는 데 열중하는 것이 목적이 아니라는 뜻이다. 내가 말하는 인류학은 '지식상품' 사업과 전혀 관계가 없고 세상과 완전히 다른 관계를 갈망한다. 연구의 대상인 사람들 속에서 살아가는 인류학자에게 세상은 연구의 대상이 아니라 자신이 살아가는 환경이다. 인류학자들은 처음부터 연구의 과정 및 대상과의 관계에 몰두했다. 비평가들은 이에 몰두하는 것이 약점이나 결점이라고 생각할 지 모른다. 그들의 눈에는 객관성이 결여된 것으로 보일 것이다. 하지만 인류학자의 입장에서 보자면 이것이야말로 인류학이 힘을 얻는 근원이다. 우리는 객관적인 '지식'을 얻고자 하는 것이 아니다. 우리가 찾는 것, 우리가 얻으려는 것은 바로 '지혜'다. 이 둘은 결코 동일하지 않을 뿐더러 오히려 정반대의 목적을 지니고 있을 수도 있다.

참여적 관찰을 통해 배우다

/

지식은 그 대상을 어느 정도 예측하고 설명할 수 있도록 개념과 분류를 통해 의미를 고정시키려는 경향이 있다. 종종 스스로를 지식으로 무장한다고들 말한다. 혹은 역경에 더 잘 대처할 수 있는 방어력을 높이기 위해 지식을 사용한다고도 한다. 하지만 지식의 요새에 숨어 있을수록 주변에서 일어나는 일에는 관심을 덜 기울이게 된다. 우리는 왜 이미 알고 있는 지식을 확인하기 위해 귀찮게 연구에 참여해야 하느냐고 말할 때가 있다. 이와 달리 현명해지려면 세상 속으로 모험을 떠나 그곳에서 일어나는 사건에 노출되는 위험을 감수해야 한다. 다른 사람들이 우리 존재에 들어오게 하고 그들에게 주의를 기울이며 신경 쓰는 것이다.

지식은 우리의 정신을 안정시켜준다. 그러나 지혜는 불안하게 할 뿐 안정을 주지 않는다. 우리는 지식으로 무장하고 상황을 통제할 수 있다. 하지만 지혜는 그런 무장을 해제하고 상황에 순응한다. 지식을 추구하는 목표는 문제의 해결책에 가까이 접근하려는 것인 반면 지혜를 얻으려는 이유는 삶의 과정 전반에 사용하기 위해서다. 지식 없이도 우리가 살아갈 수 있다는 얘기를 하려는 것은 아니다. 우리에게는 지혜 역시 필요하다는 뜻이다. 오늘날 우리는 지식에 급격하게 기울어져 있고 지혜로부터는 멀어져 있다. 그뿐 아니라 지난 역사를 돌아보아도 지식은 너무나 많았던 것에 비해 지혜는 너무나 적었다. 나는 경험과 상상력으로 얻은 지혜를 통해 과학이 남긴 지식을 조절하고 균형을 회복하는 것이 인류학의 임무라고 믿는다.

인류학자들은 지식의 발전에 집착하는 세상에서 교육을 받지 않고 문맹이거나 심지어 무지하다고 무시당할 수도 있는 사람들에 대해 배울 준비가 되어 있다는 점에서 다른 학계의 학자들과 구별된다. 그러한 사람들의 목소리는 주류 매체에 등장하지 않으면 누구에게도 들리지 못한 채 묻히고 만다. 인류학자들이 증명했듯이 그런 사람들이 이른바 지식이 풍부한 사람들보다 더 현명한 경우도 많다. 그리고 이렇게 궁지에 몰린 세상에서 그들의 지혜를 쉬이 무시할 수 없다.

배우고자만 한다면 자신의 경험을 공유하려는 다른 이들에게서 배울 점이 많다. 하지만 대부분의 학자들은 그들을 지혜의 전수자라기보다 정보제공자로서만 연구에 참여시켜 왔다. 그들이 세상에 무엇을 보여줄 수 있는지가 아니라 어떤 생각을 하는지 알아내려는 심문만 했기 때문에 경험을 공유하려던 사람들이 학자들을 피해왔던 것이다. 팔을 뻗으면 닿는 곳에 연구 대상을 계속해서 놔두기 위한 정교한 방법들이 고안되어왔다. 객관성을 담보하고 연구 대상이 연구자에게 영향을 미치거나 너무 가까워져서 연구 결과를 오염시키는 것을 막기 위한 방법들이었다.

하지만 인류학자들에게는 연구하는 대상과의 정서적 교감이 필수이다. 모든 연구는 관찰을 요한다. 그러나 인류학에서는 다른 사람들을 객관화하는 것이 아니라 그들에게 주의를 기울이고 그들이 어떤 말을 하는지를 듣고 어떤 행동을 하는지를 관찰한다. 우리는 '사람을' 연구하는 것이 아니라 사람과 함께 연구한다. 우리는 이런 연구 방식을 '참여적 관찰participant observation'이라 부른다. 이는 인류학이란 학문의 토대가 된다.

참여적 관찰은 시간을 필요로 한다. 인류학자들이 '현장field'이라고 부르는 곳에서 몇 년이나 시간을 보내는 것은 드문 일이 아니다. 연구자들은 처음에는 초대받지 않은 손님으로 낯선 장소, 즉 현장에 정착하여 주로 자신을 머무르게 해주는 이들에게 관심을 갖는다. 인류학자들은 선물에 대한 관습을 충분히 기술해왔으며 선물을 주고받는 규칙들이 어떻게 일상생활의 핵심이 되었는지를 보여주었다. 바라던 것보다 더 좋은 은혜를 베푸는 행동은 관대함에 기반을 둔 행위이지 기만이나 속임수에 의한 것이 아니다. 이것이 실험실과 현장을 구별하는 특징이다.

현장에서는 사건이 발생하기를 기다려야 하고 무슨 일이 벌어지건 그것을 있는 그대로 받아들여야 한다. 현장연구에 오랜 시간이 걸리는 이유가 이 때문이다. 반면, 기술적으로 설계된 장소인 실험실에서는 변수들이 통제되어 있거나 비밀, 혹은 학계에서 '데이터'라고 부르는 내용들이 드러나도록 설치된 실험장치가 마련되어 있다. 그러나 문자 그대로 (준다는 뜻을 지닌 라틴어 dare에서 파생된 단어인) 데이터datum, 즉 정보는 주어지는 것이다. 과학용어로 보자면 정보는 주어진 것, 다시 말해 일찍이 형성된 삶의 성쇠를 통해 이미 발생된 '사실fact'을 그저 받아들인다는 것을 뜻하고 무언가가 독립된 사실로 굳어졌을 때만 중요한 의미를 부여받게 되었다. 이런 이유로 우리는 처음부터 데이터를 양적인 것으로 생각하는 경향이 있다.

그렇다면 참여적 관찰은 실험실에서보다 현장에서 많이 이루어지기 때문에, 양적인 데이터가 아닌 질적인 데이터를 수집하는 방법으로 봐야 하는 것일까? 숫자로 도표화하거나 측정한 수치로 표현하고 통계로 작성할 수 없는 데이터 말이다. 인류학 교과서도 보통 이렇게 기술하고 있다. 하지만 나는 이 '질적인 데이터qualitative data'라는 개념이 조금 불편하다. 현상의 특질은 그것을 인식하는 우리를 포함한 주변 환경에 공개되어 있기 때문에 그 현상의 영향력 속에서만 존재할 수 있다. 우리가 그 특질을 데이터로 변환하는 순간 현상들은 사라지고 구조의 모형에서 단절되어버린다. 질적인 데이터를 수집하는 것은 사람들이 그들 자신과 관련된 이야기에 대해 하는 말에 귀를 기울이며 그들에게 마음을 여는 것과 같다. 결국 그들에게 등을 돌리고 말지만 말이다.

관대함을 이용하는 경우도 있다. '인류비교행동학human ethology'의 창시자인 오스트리아의 이레나우스 아이블 아이베스펠트Irenäus Eibl-Eibesfeldt의 연구에 참여하려는 사람은 아마 없을 것이다. 그는 정보 수집에 집착한 나머지 연구대상인 사람들 모르게 그들의 모습을 찍을 수 있도록 90도 반사경이 달린 카메라를 제작했다. 이는 극악무도한 기만이었다. 자신을 머무르게 해주는 연구 대상의 신뢰를 얻으면서 정보를 수집하는 수단으로 대화를 사용하기도 하지만 여전히 다른 의도를 갖고 호스트와 대화를 나누는 척하는 경우도 많다. 인류학자들은 종종 현장연구에 있어 관계 확립의 중요성을 강조한다. 하지만 그 관계는 우정일 수도 있고 연구를 위한 수단일 수도 있다. 누군가에 대해 기술하기 위해 그 사람과 친구가 되는 것이 옳은 일일까?

인류학자들은 사람에 대해서 기술한다는 뜻으로 '민족지

學ethnography'이라는 단어를 사용한다. 그렇다면 참여적 관찰은 결국 민족지학을 위한 수단일까? 대부분의 인류학자들은 그렇다고 답할 것이다. 사실 참여적 관찰이라는 바로 그 행위가 결국 민족지학 연구라는 결론에 다다르기 때문에 수단과 결과를 혼동하는 경우가 너무 많다. 하지만 나는 참여적 관찰이 민족지학을 위한 수단이라는 의견에 동의하지 않는다. 다시 말하지만, 참여적 관찰은 사람 속에서 사람과 함께 연구하는 방법이다. 그들의 인생에 대해서 기술하는 것이 아니다. 그들과 일상을 함께하며 살아가는 방식을 알아내는 것이다. 내가 논하려 하는 민족지학과 인류학 사이의 차이점이 바로 이 부분이다.

인류학자들에게 참여적 관찰은 결코 데이터를 수집하는 방법이 아니다. 그보다는 참여를 통해 배우겠다는 약속이며 도제나 학생의 맹세와 비슷하다고 할 수 있다. 우리는 교수들의 견해를 배우거나 그들의 강의를 기록해서 후세에 남기기 위해 대학을 가지는 않는다. 오히려 그들에게 우리를 가르칠 기회를 주는 것이다. 우리는 물론 우리의 선생님에게도 교육이 변혁적인 것은 마찬가지다. 우리가 현장에서 참여적 관찰을 통해 제시하는 것은 배움이라는 측면에서 교육에도 동일하게 해당된다. 즉 인류학의 가장 큰 목표는 민족지학이 아니라 참여적 관찰을 통해 배우는 것이다. 나는 인류학이 교육의 가능성을 지닐 뿐만 아니라 이 교육으로 우리 스스로의 삶은 물론 우리가 연구하는 사람들의 삶까지 변화시킬 수 있기 때문에 중요하다고 생각한다. 하지만 이런 가능성은 우리가 연구하려는 이들에게서 배우려는 자세가 있을 때만 현실화된다. 다른 이들을 진지하게 받아들이지 않으면 아무것도 배울 수 없을 것이다.

내가 말하는 인류학에서 가장 중요한 법칙은 다른 이들을 진지하게 받아들이는 것이다. 이는 그들의 행위나 말에 주의를 기울이는 것만을 의미하지는 않는다. 그보다 더 나아가 일이 어떤 방식으로 일어나는지, 우리가 어떤 세상을 살아가는지, 또 우리가 그 세상에 어떻게 관련되어 있는지에 대해 우리가 생각하는 것에 대한 그들의 반론에 직면해야 한다. 우리는 우리 스승에게 동의할 필요가 없거니와 그들이 옳고 우리가 틀렸다고 추정할 필요도 없다. 우리는 다를 자격이 있다. 하지만 그 도전을 피할 수도 없다.

"

인류학의 가장 큰 목표는 민족지학이 아니라 참
여적 관찰을 통해 배우는 것이다.
다른 이들을 진지하게 받아들이지 않으면 아무것
도 배울 수 없을 것이다.

"

한편 인류학의 불명예스러운 역사에는 수많은 전략들이 제시되어 있다. 그 전략에는 이런 주장도 포함되어 있다. 우리의 연구대상이 합리적이지 못하고 논리적인 생각을 할 수 없으며 미신을 신봉하고 생각이 미숙하기 때문에 어린아이의 순수함에서 성숙한 상태에 이르는 인간발달 단계 중 초기 단계의 특징을 보인다는 것이다. 또한 잘못되거나 결함이 있는 정보를 바탕으로 사고하며 전통에 따라서만 행동하고 판타지와 사실을 구별하지 못하거나 문자 그대로와 은유적인 표현 사이의 경계를 모른다는 의견도 있다. 대부분의 현대 인류학자들은 사람들에 대한 우열을 논할 수 없다는 원칙을 강조하며 이런 전략을 부정한다. 이성과 지성, 성숙함에 있어 그들의 생각과 행동을 우리의 것보다 덜 진지하게 받아들일 수는 없다는 것이다. 그럼에도 많은 학자들이 이른바 '불신에 대한 자발적 정지'에 찬성한다. 이는 공연이 지속되는 시간 동안은 무대 위에서 벌어지는 세계가 마치 실제의 삶인 것처럼 감정을 이입하는 것과 유사하다.

하지만 이런 태도를 취하는 이유는 다른 이들의 말과 행동을 부정하기 위해서다. 특히 그들이 우리가 이해하는 것과 어긋나는 행동을 하거나 현실을 고수하려 할 때는 더욱 그렇다. 또한 이는 우리의 뒤를 보호하기 위한 전략이다. 말하자면, 사람들이 무슨 말을 하고 어떤 행동을 하는가와 관계없이 우리가 알고 있는 현실은 여전히 신성하다고 우리 스스로를 설득하기 위한 전략인 것이다. 우리는 전지전능한 망토를 걸치고서 사람들이 인식하고 믿는 세상, 그들에게는 전적으로 실재인 세상이 사실 그들의 '문화'라 불리는 것에 더해진 믿음과 가치, 개념의 구조물이라고 주장한다. 또한 우리는 인간의 세상이 문화적으로 구성되어 있다고 주장한다. 이성의 빛에 흠뻑 잠겨 있기에 우리는 볼 수 있지만 그들은 볼 수 없는 우리만의 문화는 빼고 말이다. 이런 다양한 구조물들은 주어진 현실을 대안적으로 꾸며낸 것일 뿐이다. 그들의 시각은 의미의 거미줄에 매달려 있고 우리의 시각은 객관적인 사실에 기반하고 있다. 우리는 인류의 변화라는 갤러리의 관람객이며 그들은 우리가 보는 초상화이다. 우리는 그 안을 들여다볼 수 있지만 그들은 밖을 보지 못한다.

이러한 전략은 우리가 사람들이 말하고 행동하는 것을 배움을 통해 얻을 수 있는 교훈으로서가 아니라 사건을 구성하는 증거로서 다룰 때마다 되풀이된다. 이는 사람들의 말과 행동이 다른 무언가를 의미한다고 간주하게 되는 결과를 가져온다. 즉 문화의 숨겨진 손이 사람들이 인식하지 못하는 사이 그들의 생각과 관습을 좌우한다고 생각하는 것이다. 사실 이것은 인류학의 첫 번째 법칙을 위반하는 것이다. 다른 이들을 진지하게 받아들인다는 것은 대상이 연구에 접근하는 것을 막는 것이 아니라 공개하여 그들의 경험을 통해 상상력을 더하는 것을 의미하기 때문이다.

다른 이들을 진지하게 받아들인다는 것

/

지금 문제가 되는 질문들은 우리가 세상을 어떻게 알수 있는가의 차원이 아니다. 더 근본적으로는 우리가 알아야 하는 세계가 어떻게 존재할 수 있는가에 대한 의문이다. 이해하기 어려운 수수께끼 같은 철학적 어휘로 설명하자면, 첫 번째 종류의 질문들은 지식에 대한 것으로 인식론적 epistemological 질문들이다. 두 번째 종류는 존재에 대한 것으로 존재론적ontological 질문들이다. 애매하게 들릴지 모르지만, 인식론에서 존재론으로의 전환은 매우 중요하다. 왜 그런지에 대한 예를 들어보겠다.

20세기 가장 선견지명이 있는 인류학자였던 A. 어빙 할로웰A. Irving Hallowell은 1930년대에 아니쉬나베Anishinaabe 혹은 오지브와Ojibwa라고 부르는 캐나다 북중부에서 덫을 이용해 사냥하며 살아가던 부족 사이에서 연구를 진행하고 있었다. 그는 그곳에서 베렌스 강 아니쉬나베 부족의 추장 윌리엄 베렌스William Berens와 우정을 쌓았다. 베렌스는 매우 현명하고 지적인 남자였다. 그는 자신의 손위 형제들에게 가르침을 받았으며 주위 동물들과 식물들, 특히 돌들에 평생에 걸쳐 관심을 가지면서 여러 가지를 배웠다. 할로웰은 베렌스와 대화를 나누면서 많은 영향을 받았다고 설명했다.

한번은 오지브와 언어의 문법을 살피다가 돌이라는 주제에 대해 논한 적이 있었다고 한다. 오지브와 언어를 연구한 언어학자들이 공인한 바로는 오지브와어에서 '돌'이라는 단어는 주로 무생물이 아니라 생명체에 어울리는 말처럼 보였다. 이에 당혹감을 느낀 할로웰은 베렌스에게 이렇게 물었다. "우리가 보는 이 모든 돌들이 살아있는 건가요?" 베렌스는 오랜 숙고 끝에 대답했다. "아니요. 하지만 어떤 것들은 살아있지요."[3] 할로웰은 그 대답이 아주 오랫동안 기억에 남았다고 회상했다. 하지만 그것이 무슨 뜻인지는 정확히 이해하지

윌리엄 베렌스 추장이 그의 형들의 살아있는 돌들 옆에 앉아 있다. 1930년 캐나다 온타리오 피칸지컴과 그랜드래피즈 사이에서 찍은 A. 어빙 할로웰의 사진. (미국철학회)

못했다.

대체 누가 돌처럼 움직이지도 못하는 물체가 살아있을 수도 있다고 진지하게 말할 수 있단 말인가? 그리고 설령 어떤 돌이 살아있다고 해도, 그렇다면 왜 모든 돌이 살아있는 것은 아니란 말인가? 이런 질문을 다루는 한 가지 방법은 사람들이 사물을 대하는 태도가 두 가지일 수 있다고 가정하는 것이다. 우선 일상에서 흔히 볼 수 있는 상식적이고 실용적인 태도가 있다. 그리고 상징적인 연상에 영향을 받은 종교적 혹은 의식적인 행사에 필요한 믿음과 이데올로기로 충만한 태도가 있을 것이다.

프랑스에서 사회학sociology이라는 학문을 정립한 에밀 뒤르켐Émile Durkheim은 1912년에 처음 출판된 종교의 기초에 관한 논문에서 이런 태도들을 각각 불경스러운 태도와 신성한 태도라고 불렀다.[4] 테이블을 예로 들어보자. 우리는 보통 테이블을 무생물이라고 생각한다. 하지만 만일 테이블이 종교의식을 위한 제단으로 쓰인다면 우리는 마치 영적인 생명력을 발산하는 것인 양 그 테이블에 특별한 힘이 깃들어 있다고 생각할지도 모른다. 오지브와 부족과 그들의 돌들 역시 같은 경우는 아닐까? 사람들이 일반적으로 자연의 돌을 무생물이라고 생각하는 것과 마찬가지로 오지브와족 역시 분명 그럴 것이다. 하지만 어떤 돌들은 특정한 상황에서 신성할 수 있고 그 돌을 다루는 사람에게는 일종의 분위기나 기운 혹은 생명력이 부여된 것으로 보일 수도 있다. 어떤 돌들은 살아있다는 베렌스의 주장은 이런 의미였을까? 그의 발언을 종교적인 태도가 사람들을 집단적으로 현혹시켜 일상적인 현실을 환상으로 받아들이도록 만든다는 증거로 받아들일 수 있을까?

우리가 사는 세속적인 시대에서는 자신의 감성에 반하는 다른 사람들의 말과 행동을 너무나 쉽게 그저 사소한 관례로 치부해버린다. 우리는 이국적인 문화를 표현할 때 종교적 색채를 덧입히는 경향이 있다. 하지만 그런 방식을 그대로 따르는 것은 친구의 지성을 모욕할 수도 있는 행동임을 할로웰도 알고 있었다. 베렌스는 교리를 진술한 것이 아니었다. 선대가 내린 결론이나 전통에 따른 명령대로 말한 것도 아니었고, 어떤 반박에 맞서서 돌들이 살아있다고 주장한 것도 아니었다. 베렌스는 오랜 숙고 끝에 자신의 판단에 도달했다.

그리고 그것이 개인적인 경험을 토대로 한 판단이었기 때문에 할로웰에게 설명하면서 어려움을 겪었던 것이다. 베렌스는 어떤 돌들이 저절로 움직이고 말과 유사한 소리까지 내는 것을 목격했다. 물론 돌들이 그런 일들을 할 수 없다고 믿는 우리는 그가 그저 상상하거나 꿈속에서 그런 일들을 봤다고 생각할 것이다. 하지만 베렌스가 지금 우리와 함께 있다면 그는 틀림없이 우리의 철학과 이론이 어떻게 경험과 상상을 그렇게 쉽게 구분할 수 있는지 알고 싶어 할 것이다. 우리는 우리 꿈을 경험하는 것이 아닌가? 꿈의 세계가 깨어 있는 삶과 그토록 다른 것일까? 과학의 권위가 가장 중요한 사회에서 자란 사람들에게 진실로 향하는 길이란 환상과 사실을 분리하는 데에 있다. 하지만 다른 방법도 있지 않을까? 만일 진실이 경험과 상상의 조화 속에 존재하며, 그 조화는 우리가 살아가는 곳이자 우리에게 살아있는 대상인 세상 속에 있는 것이라면?

물론 이는 객관적 진실은 아니다. 하지만 우리가 생각하는 존재로서 스스로를 세상에서 배제하는 것이 아니라 세상의 완전한 일부가 될 수 있다는 뜻일 수는 있다. 이런 생각은 그저 잠정적일 수도 있다. 절대로 세상의 확실성을 이미 알고 있었다는 듯이 말해서는 안 된다. 과학자들의 말처럼 나중에 그 가설이 거짓으로 밝혀지거나 우리의 예측이 틀릴 수도 있기 때문만이 아니다. 세상 그 자체가 결코 특정 구조와 구성으로 고정되지 않기 때문이다. 다시 말하자면, 사실 우리 스스로는 세상의 일부로 존재하고 있으며 세상은 우리에게 계속해서 영향을 주고 있다. 정확히는 그 이유 때문에 이미 형성된 이 세상은 놀라움과 경이로움의 영구적인 원천인 것이다.

우리는 세상의 일부로서 살아가야 한다. 이것이 베렌스가 우리에게 가르쳐준 것이다. 그의 말을 들을 만한 가치가 있다고 여기고 이에 맞게 진지하게 대할 준비가 되어 있다면 말이다. 우리는 그의 말을 통해 우리가 당연하게 여기던 것에 대한 질문을 던지게 된다. 움직이고 말하는 돌들을 그토록 명백하게 공상적인 것으로 생각하게 만드는, 실재에 대한 우리의 접근 방법에 관한 질문 말이다. 결국 돌들은 그 무게 때문에 산등성이를 따라 떨어지기도 하고 물이나 얼음, 파도에 쓸려 움직이면서 실제로 돌아다닌다. 또 서로 부딪히거나 다른 것들과 충돌할 때면 소리를 내기도 한다. 사람이 그렇듯이 돌마다 각기 다른 소리를 내는 것도 사실이다. 우리 인간이 말을 통해 우리의 존재를 들을 수 있는 방식으로 나타낸다면, 돌들 역시 그런 울림으로 자신들을 표현한다고 할 수 있지 않을까? 이런 의미에서 돌들도 말을 한다고 할 수 있다.

사물에 집중한다는 것, 즉 그것들의 움직임을 보고 소리를 듣는다는 것은 파도가 부서지기 직전 그 끝을 타는 행동처럼 세상을 몸으로 포착하는 것이다. 파도가 부서지고 난 뒤가 아니라 파도가 덮쳐오면서 형상을 갖추려는 그 순간 파도는 완전히 실재하고 또렷한 모습을 지닌다. 그리고 바로 그 순간 경험과 상상의 도화선, 그리고 세상은 생명을 얻는다. 베렌스처럼, 세상이 형성되는 흐름에 대한 우리의 인식을 활용함으로써 우리는 돌들과 다른 많은 것들을 포함하여 사물의 살아있음을 목도할 수 있다.

하지만 이는 과학이 상상하는 것과는 매우 다른 방식으로 생명을 바라보는 것을 의미한다. 생명이란 그것을 소유하고 있다고 간주되는 것 속에 감춰진 비밀 재료가 아니다.

그 방식에 따르면 생명은 온 세상에서 일정 기간 동안 존재에 형태를 부여하는 물질의 순환에 대한 잠재력이자 에너지의 흐름이다. 그렇다면 생명이 돌에 있는 것이 아니다. 오히려 돌이 생명 속에 있는 것이다. 무언가가 되어간다는 것과 존재에 대한 인류학적 이해, 이 형이상학적 개념은 애니미즘 animism이라고 알려져 있다. 한때 가장 원시적인 종교 형태로 무시당한, 사물의 영성에 대한 그릇된 믿음에 기초하고 있는 애니미즘은 이제 존재의 깊이에 대한 과학적 이해보다 훨씬 더 잘 생명을 시적으로 표현하는 것으로 받아들여진다. 다른 이들을 진지하게 받아들인다는 것은 바로 여기서 기인한 것이다.

두 명의 성인 남자, 미국인 교수와 오지브와의 장로가 돌에 대해서 대화를 나눈다? 사소할 수도 있고 심지어는 터무니없는 사례일 수도 있다. 하지만 나는 그들의 대화가 우리가 사는 세상 속에 있는 우리만의 장소, 정확히는 생명 그 자체에 대한 근본적 질문으로 향하는 문을 열었기를 희망한다. 물론 이는 인류학자들이 전 세계 사람들과 나눈 수많은 대화 중 하나에 불과하며 그 모든 대화는 잠재적으로 동등하게 중요한 질문을 야기할 수 있다. 할로웰이 시작했던 존재에 대한 질문은 이후 오늘날 많은 인류학자들이 '존재론으로의 전환'을 이야기하게 만드는 추진력을 모으게 되었다.

할로웰은 당대에 선견지명이 있는 사람이었지만 그에게도 이런 전환은 너무 과한 것이었다. 결국 비극적이게도 그는 친구에게서 등을 돌리고 말았다. 할로웰은 「오지브와의 존재론, 행동, 그리고 세계관Ojibwa ontology, behavior, and worldview」이라는 제목의 논문에서 이런 내용을 모두 이야기하고 있다. 논문에서 베렌스 추장은 그저 자신의 문화에 대한 일반적인 견해를 입증하는 이름 없는 '늙은이old man'로 등장할 뿐이다. 오늘날 우리는 더 이상 그렇게 자기만족에 빠져 있을 여력이 없다. 왜냐하면 예전과는 달리 현대의 기반이 된 실존주의적 확실성이 세상을 벼랑 끝으로 몰고 갔음이 분명해졌기 때문이다. 우리는 어떻게 살아야 하는지에 대한 새로운 접근법을 만들어야 한다. 이 접근법을 통해 세상을 아는 방법과 그 안에서 존재하는 방식, 사이, 그리고 자연과 과학 사이의 파열을 치유할 수 있기 때문이다. 개방적이고 지속 가능한 미래를 향해 가기 위해서는 반드시 필요한 단계이다.

분명히 말하지만 나는 유럽 식민지 개척자들이 도착하기도 전에 그 땅에서 수천 년 동안 대를 이어 살고 있던 오지브와족 사람들과 같은 이른바 '토착민indigenous people'들이 우리가 어떻게 살아야 하는가에 대한 옳은 해답을 갖고 있다고 말하려는 것이 아니다. 또 식민지 사업과 관계된 조상을 둔 '서양인westerners'들이 모두 틀렸다고 주장하려는 것도 아니다. 누구도 해답을 갖고 있지 않다. 하지만 우리는 개인적인 경험에 기초하여 다른 이들에게서 배워온 저마다 다른 접근법을 갖고 있으며, 이것들은 비교해볼 가치가 있다. 학문으로서의 인류학은 이런 가치 있는 비교 활동을 기반으로 한다. 하지만 비교란 생각과 행동을 전통 속에서 살아가는 사람들의 몸과 마음에 이미 침전되어 있는 것처럼 고정된 형식으로 여기지 않는 것이다. 생각이 이미 생각했던 것에 대한 복제로 국한되지 않듯이 행동 역시 이미 행해진 일에 대한 복제로 국한되지 않는다. 오히려 우리가 비교하는 것은 생각하고 행동하는 방식이며, 이는 그들의 방식에 속한 어떤 결과보다도 중요하다. 그것은 인간 삶의 방식의 다양성을 분류하는 것이 아니라 대화에 참여하는 것이다. 나아가 그것은 대화에 참여한 모든 사람들을 변화하게 만든다.

간단히 말하자면, 인류학의 목적은 인간 생명 자체에 대해서 대화를 나누는 것이라고 할 수 있다. 이 생명에 대한 대화는 그저 세상에 대한 것만이 아니다. 앞으로 자세히 설명하겠지만 인류학 자체가 세상이다. 우리 모두가 살아가는 하나의 세상인 것이다.

ANTHROPOLOGY

유사점과 차이점

같거나 다르다는 것의 의미

/

사람들은 모두 다르다. 그렇다면 다른 이들보다 특별히 더 다른 사람들도 있을까? 여기 있는 사람들이 저기 있는 사람들보다 서로 공통점이 더 많다고 말할 수 있을까? 어쨌든 우리는 언제나 사람들을 문화에 따라 분류할 때 이런 방식을 사용해왔다. 흔히들 특정 문화의 구성원들은 많은 공통점을 가지고 있다고 얘기한다. 같은 언어를 사용하고 같은 생활방식을 영위하며 비슷한 종교적 관습을 가지고 동일한 가치를 추구하는 등의 공통점이 있다고 말이다. 이런 공통점들 덕분에 그들은 그들만의 문화세계에서 살고 있으며 이런 세계들이 한데 모여서 인류라는 모자이크를 구성하는 것이다.

인류학자들은 오랫동안 문화적 다양성을 입증하는 최전선에 서 있었다. 때로는 기질적으로 획일성을 혐오하는 것처럼 보이기도 한다. 그들은 세상이 결코 하나가 아니라고 주장한다. 언제나 여러 세상으로 공존한다고 말이다. 하지만 나는 복수의 세상이 존재한다는 호소가 잘못 인식되고 있다고 본다. 원칙적으로 잘못되었을 뿐만 아니라 학문으로도 위험하다. 거대한 불평등과 부채, 특권 박탈을 야기해온 글로벌 세력의 헤게모니에 반대할 수 없도록 무력하게 만들기 때문이다. 나는 인류학이라는 이름에 맞는 학문이 되기 위해서는 우리가 하나의 세계에 살고 있다는 원칙에 기초를 두어야 한다고 생각한다. 이 세계는 기업 금융, 국제적 통신의 세계가 아니며 '서양'의 세계도 아니다. 유사성의 세계가 아니라 다양한 차이가 존재하는 세계이다. 인류학이 당면한 과제는 명확하고 확신 있게 하나의 세계를 분명히 설명하는 것이다.

하지만 이 도전에 본격적으로 착수하기 위해서는 사람들이 같거나 다르다는 것이 무엇을 의미하는지를 다시 생각해봐야 한다. 2장에서 내가 할 일이 바로 그것이다. 인류학자들에게 이 과제는 인류학이란 학문을 그 시초부터 따라다니던 두 개의 키워드, 바로 '자연'과 '문화'에 밀접하게 얽혀 있다. 이 두 단어의 의미는 다양하면서도 논쟁의 여지가 있기 때문에 여기서 다시 검토할 생각은 없다. 자연은 오랫동안 어떤 사물이 공통적으로 갖고 있는 필수적인 자질, 특히 처음부터 고정되어 안정적이고 변하지 않는다고 생각되는 자질들을 감지하고 있다고 말할 수 있다. 따라서 사물의 자연적인 본성은 보편적일 뿐만 아니라 타고난 것으로 간주되며, 물리학 및 생물학의 등장으로 선천적인 부분은 물질적인 구성에 의해 결정된다는 인식이 점점 더 커지게 되었다.

이에 반해 문화는 구별이나 특수성의 표시로 여겨져 왔다. 문화culture라는 단어 자체가 작물 재배를 뜻하는 경작이라는 개념에 뿌리를 두고 있기 때문에 문화는 처음부터 완벽히 주어진 것이 아니라 개발되거나 획득된 것이 특징이라고 할 수 있다. 자연이 고정되어 있는 데에 반해 문화는 성장과 변이 및 역사적 변화의 대상이 된다. 그리고 자연의 고정성이 물질적인 조건에 더 많이 영향을 미칠수록 문화는 그만큼 더 물질을 덮어버린다. 마치 종이에 생각들을 겹쳐 쓰는 것처럼 말이다. 문화는 마음의 한 패턴인 것 같다.

간단히 말해서 문화와 자연 사이의 이분법은 특정한 것에서 보편적인 것까지, 또 마음에서 물질까지 대립된 두 가지를 융합시킨다. 자연과 문화의 담론이 제기하는 혼란과 모순의 대부분은 이 대립된 두 가지가 세상을 바라보는 관점이 다르다는 것에서 비롯된다. 예를 들어 생태학자들과 환경보호론자들은 자연을 생물 다양성의 세계라고 여기는 반면, 심리학자들은 마음을 인지적 보편성의 영역으로 간주한다. 전자에게 모든 유기체들은 각기 다른 존재이지만, 후자의 경우 모든 마음은 결국 비슷하다.

그렇다면 인류학자들은 어떤가? 그들 역시 동일한 딜레마에 빠져 있다. 인류학자들은 자연의 세계가 존재하며 인간도 다른 동물들과 마찬가지로 그 일부라는 점을 인정한다. 그럼에도 이 세상의 섭리를 초월하고 다른 모든 생명체들이 연결된 자연의 유대를 깨뜨리는 것 또한 인간의 본질이라고도 주장한다. 인간은 인간이라는 하나의 종인 동시에 또 다른 존재로 보인다. 첫 번째는 동물의 왕국을 구성하는 무수한 종들 중 하나인 호모 사피엔스Homo sapiens라는 종의 개체로서의 인간이다. 그런데 우리는 두 번째인 또 다른 존재로서의 인간은 동물보다 우월하다고 말한다. 그렇다면 인간은 동물의 일종인 것일까 아니면 동물을 넘어선 조건을 충족하는 것일까? 바로 이 질문이 자신이 속한 세상 밖의 먼 곳에서 세상을 있는 그대로 바라봐야만 그 자신과 그것이 속한 세상에 대해 알 수 있는 생명체의 고충을 드러낸다. 인류Anthropos란(인류학은 여기에서 유래한다) 이런 고충을 보여주는 본보기라고 할 수 있다.

철학자 조르조 아감벤Giorgio Agamben에 따르면, 우리 시대는 인간을 자각 능력을 통해 인간 및 다른 여러 생물들이 살아가는 세상으로부터 끊임없이 스스로를 분리시키는 '인류학 기계anthropological machine'의 산물로 이해한다.[1] 우리는 스스로를 질료적 대상의 세계에서 표류하는 인간 주체라고 생각한다. 이런 구분은 인간 실존의 문화적 차원과 생물학적 차원을 갈라놓은 근본적 원인이었으며 세계 속에서의 인간의 삶을 참여적으로 이해하려는 모든 시도를 좌절시킨 장애물이었다. 이런 교착상태를 깨기 위해서는 무엇보다도 그 기계를 해체해야 한다. 이런 태도에 입각해서 나는 인류학의 임무가 인간이라는 개념을 넘어서는 것, 혹은 적어도 그것의 구조를 다르게 만드는 것이라고 믿는다.

이를 위한 첫 번째 단계는 자연과 문화를 해답이 아닌 질문으로 받아들이는 것이다. 자연에 대한 질문은 이것이다. 인간을 서로 유사하게 만들어주는 것은 어떤 면인가? 무엇이 그들로 하여금 그렇게 비슷한 방식으로 행동하게 만드는 것일까? 그리고 문화에 대한 질문은 다음과 같다. 인간은 어떤 점 때문에 다양성을 지니는가? 왜 그들은 다르게 행동하는가? 유아기 이후에 사고나 장애를 겪는 경우를 제외하면 모든 인간은 두 발로 걸을 수 있다. 하지만 머리 위에 짐을 이고 나르는 풍습을 지닌 사람들은 일부 민족뿐이다. 그렇다면 이에 대한 이유를 묻는 것은 합리적이라 할 수 있겠다. 그런데 모든 사람들이 두 발로 걷는 것은 인간의 본성이기 때문이고 어떤 민족이 (그 외의 사람들은 그렇지 않은데) 머리에 짐을 이고 나르는 것은 그들의 문화이기 때문이라는 결론을 내리는 것은 명백한 순환논리이다.

자연과 문화가 우리의 모든 생각과 행동을 결정하면서 행위에 영향력을 미친다고 해서 그것들이 인간에 대한 우리의 질문이 아니라 인간의 몸과 마음에 실제로 내재된 인과 관계의 매개물을 의미한다고 가정하는 것은 실수이다. 이 매개물들은 여러 가지 이름으로 변해왔다. 인간의 본성은 종종 '우리의 유전자 안에' 있다고 한다. 여기서 말하는 유전자는 모든 세포의 핵에서 DNA를 구성하는 뉴클레오타이드 염기서열(인간에게는 약 30억 개가 있다), 즉 분자생물학자들이 게놈genome이라고 부르는 것과는 직접적인 관련이 없다. 그보다는 오히려 흔히 '특징traits'이라고 칭하는 유전적 특성을 가리킨다. 종합적으로 보면 결국 이 특성들은 보편적 인간을 제시하기 위한 일종의 설계 설명서를 의미한다.

이와 유사한 의견이 문화에 대해서도 제기된다. 인간 본성의 보편적 특성이 유전자에 의해 전달된다면 문화의 특정한 특성은 신체가 아닌 마음에 터 잡은, 그리고 유전적 복제가 아닌 모방 학습을 통해 전달되는 동등한 정보의 입자에 의해 구체화되어야 한다. 최근 이 입자들은 생물학자 리처드 도킨스Richard Dawkins의 뒤를 따라 '밈meme'이라고 불리며 인기를 끌고 있다.[2] 그러나 그 형질이 유전자에 속하는지 밈에 속하는지와는 관계없이 우리는 결국 같은 사회에 있게 된다. 유전자와 밈은 몸과 마음에 미리 탑재되어 있어서 규칙적이고 일정한 행동의 근본적인 원인이 된다. 이에 따라 인간의 사고방식과 행동방식에 대한 해설은 어느샌가 유전자와 밈에 대한 설명으로 바뀌었다. 유전자와 밈 이론가들은 사람들의 행동이 그저 유전자와 밈의 작용일 뿐이라는 사실을 발견했다!

'차이에 대한 열정'이라 불리는 것이 대부분의 인류학자들을 이끌었다는 것은 분명한 사실이다.[3] 인류학자들은 우리가 인간의 행동에서 자연스럽다고 생각하는 것이 무엇이건 간에 언제나 다른 방식으로 행동하는 사람들이 있다는 점을 보여주려고 한다. 그들은 인간을 '자연의 법칙에 따라 설명하는naturalize' 시도에 회의적이다. 우리가 하는 대부분의 단순한 일은 다른 모든 사람들에게도 자연스러울 것이라 보며 그것에 부합하지 않는 사람은 사람이 아니라고 생각하는 시도 말이다.

따라서 본질적인 보편성을 제시하는 데 인류학자들이 긴장하는 경향이 있는 것은 당연하다. 차이와 보편성에 대한 균형을 바로잡기 위한 일환으로 미국의 인류학자 도널드 브라운Donald Brown은 1991년 『인류의 보편성Human Universals』이라는 책에서 보편성에 대한 예외는 알려진 것이 없다고 주장하며 이를 위해 보편성의 속성을 수백 가지나 열거했다.[4] 그것은 기괴한 목록으로 가득 차 있었는데 '언어', '상징주의', '도구 제작' 등과 같은 주요한 주제들은 물론 '헤어스타일', '오이디 푸스 콤플렉스', 그리고 '뱀, 주변 조심' 같은 제목들도 포함되어 있었다.

물론 그것들 중 어느 것도 모든 인간에 대한 철저한 조사를 기반으로 한 것은 아니었다. 분명 불가능할 것이기 때문이었다. 사실 어떤 것들에 대해서는 예외가 많다. 한 가지 예가 '문화와 자연의 구별'이다. 우리는 이전 장에서 만났던 오지브와 사람들에게는 우리가 자연과 문화에 대해 갖고 있는 개념에 상응하는 것이 없으며, 그들은 우리가 서구적 개념의 역사에 입각하여 그들에게 덧붙여온 어떤 종류의 특징이든 부인할 것임을 알고 있다. 하지만 모든 일반화에 대한 예외를 찾는 것은 언제나 쉬운 일이다. 더 근본적인 문제는 보편성이라는 것이 가지는 중요성이다. 우리는 보편성에 대해 어떤 판단을 해야 할까?

브라운은 그가 타고난 것이라고 부르는 보편적인 것들에

"

인류학자들은 우리가 인간의 행동에서 자연스럽
다고 생각하는 것이 무엇이건 간에 언제나 다른
방식으로 행동하는 사람들이 있다는 점을 보여주
려고 한다.

"

주로 관심을 가진다. 또한 그 보편적인 것들은 자연선택 하에서 다윈주의적 다양성의 매커니즘을 통해 진화한 인간을 위해 프로그램되고 설계되었다고 믿고 있다. 우리의 조상들은 홍적세라고 알려진 지질시대에 수십만 년이 넘도록 야생동물을 사냥하고 식물을 채집하는 것으로 연명하며 살았다. 당시의 삶은 불안정했고 인구는 희박했으며 포식동물은 진정한 위협이었다. 사람들에게는 포식동물들에 대한 지혜가 필요했으며, 함께 일할 수 있어야 했고, 인위적으로 만든 도구와 함께 신체적인 능력을 증가시켜야 했다.

그들이 사냥하는 동물과 그들을 사냥하는 동물들을 비교했을 때 인간에게는 아주 작은 비교 우위가 있었다. 사냥할 때 언어적 의사소통을 통해 협력하거나 자신만의 도구를 설계하고 만들 수 있었을 것이라는 이점은 쉽게 상상할 수 있다. 그리고 이는 맨발의 사냥꾼과 채집인에게 독을 분비하는 뱀을 경계하기 위한 확실하고 실제적인 감각을 만들어주었을 것이다. 그렇다면 아마도 말을 하고 도구를 제작하며 뱀을 무서워하는 인간들은 더 오래 살아남고 비례적으로 더 많은 자손을 낳았을 것이다. 어쩌면 비슷한 환경의 도전에 직면한 그들의 후손 역시 유사한 경향을 발전시켰을지도 모른다. 하지만 이 가정이 홍적세의 환경 조건에서 진화한 경향이 결국 인간의 성향으로 굳어져 오늘날에도 여전히 존재한다는 결론을 보장하는가? 현대인들은 예외 없이 보편적인 목적을 이루기 위한 계획을 갖고 있는가? 모든 신생아들이 언어 습득 장치와 자신만의 도구를 설계하고 만드는 장치, 그리고 자동 뱀 경보 장치를 미리 탑재하고 태어나는가?

언어 습득 장치는 어디에서 온 것일까?

/

유아기를 지난 대다수의 인간이 언어를 사용하고 도구를 제작할 수 있다는 것은 의심의 여지가 없는 사실이다. 또한 대부분의 사람들, 심지어는 동물원 유리벽 너머가 아닌 실생활에서는 파충류를 마주칠 일조차 없는 나 같은 사람조차 뱀을 두려워하는 것도 사실이다. 그런데 우리는 뱀을 총이나 자동차보다 훨씬 더 두려워하는 것 같다. 오늘날의 세상에서는 총기나 자동차 사고를 당할 확률이 뱀에 물릴 확률보다 훨씬 높은데 말이다. 뱀이 나오는 악몽을 꾸면 먼 옛날 조상들의 실제 경험에서 비롯한 먼 곳으로부터 들려오는 메아리 때문에 내 경보가 울리는 것일까? 우리 모두의 잠재의식 속에 숨어 있는 수렵채집인이 밖으로 나오려고 안간힘을 쓰고 있는 것일까? 간단히 말해서, 우리는 석기시대로부터 물려받은 적응력을 통해 21세기의 도전에 맞설 운명을 갖고 태어난, 과거로부터 진화하여 현재를 살고 있는 생명체일까?

문명의 많은 악조건을 둘 사이의 불일치로 돌리는 것이 여전히 일반적이다. 예를 들어 자연의 공급이 제한되어 있던 시기에 인간은 굶주림에 적응하기 위해 단 음식을 본능적으로 선호하게 되었지만, 오늘날처럼 설탕이 포화상태인 환경에서는 그런 본능이 오히려 비만과 당뇨의 급증을 불러와 많은 비난을 받고 있다. 그리고 공격성의 표현은 우리 조상들인 수렵채집인들에게는 갈등을 해결하기 위한 방법 중 비교적 무해한 것이었을지 모르지만, 오늘날처럼 빠르게 움직이는 차량이나 탄도 미사일로도 공격성을 나타낼 수 있고, 이러한 공격성이 분노의 도로에서부터 핵전쟁에 임박한 위협에 이르는 모든 것에 이용될 수 있다는 점 때문에 비난받고 있다.

그러나 본능에 대한 이러한 호소에는 한 가지 간단한 이유 때문에 근본적인 결함이 존재한다. 단맛에 대한 선호나 공격적인 성향(남성들 사이에서), 또는 뱀에 대한 두려움 같은 특성은 누군가가 갖고 태어나는 것이 아니라 발달되는 것이다. 생명주기의 어느 시점, 즉 유년기, 청소년기, 성인기, 노인기 등 특정 환경에서 자라고 성숙해지는 과정에서 발생하는 것이다. 이러한 과정은 학술적으로 개체발생$_{ontogenesis}$이라 알려져 있다. 인간은 다른 모든 종류의 생명체와는 달리 타고난 고유의 특성이나 능력, 성질 등을 갖고있지 않다. 그런 요소들은 개체발생의 발달 과정에서 저절로 생기는 것들이 아니다. 다시 말해, 유전적인 결정이라는 개념을 통해 우리의 행동이 본능에서 기인한다고 생각한다면 발달과정의 결과를 원인으로 이해하는 것이다.

실생활에서 맞닥뜨리는 조건들은 문제의 개인들에게 내재된 다른 것들과 마찬가지로 개체발생에서 중요한 역할을 수행한다. 이는 '양육$_{nurture}$'이 '본성$_{nature}$'보다 중요하다는 뜻이 아니다. 인간은 유전자에 의해서라기보다 환경에 맞추어 만들어진다거나 각각의 기여도를 따지거나 백분율로 계산할 수 있다고 말하려는 의도도 아니다. 인간도 다른 생명체들과 마찬가지로 내부와 외부의 원인들, 유전자와 환경 사이 상호작용의 산물이라는 뜻이다. 하지만 인간은 결코 산물이 아니다. 인간은 매순간 그들이 마주하는 조건들, 즉 과거에 그들 자신과 다른 사람들의 행동에 의해 점차적으로 형성되는 조건들에 반응하여 스스로의 삶을 만들어내는 생산자이다.

따라서 인간이 서로 차이를 보이는 이유가 환경 때문이라고 할 수는 없다. 모든 인간은 선천적으로 보편적인 기준선을 갖고 있고 환경에 따라 달리 경험하기 때문에 차이가 생기는 것이 아니라는 뜻이다. 인간의 삶은 균일성에서 다양성으로, 또는 자주 표현되는 것처럼 자연에서 문명으로 변화하는 것이 아니다. 그 예로 언어를 들 수 있다. 다 자란 인간의 절대 다수는 말할 수 있는 능력을 갖고 있지만, 인간들이 말하는 방식은 엄청나게 다양하다. 많은 언어학자들은 모든 사람들이 공통적으로 이른바 '언어 습득 장치language acquisition device'(LAD)를 사전탑재하고 태어나기 때문에 이러한 다양함이 만들어질 수 있다고 주장하고 있다. 인간에게는 '언어에 대한 본능'이 있다고 알려져 왔다.[5]

그렇다면 그 언어 습득 장치는 어디에서 온 것일까? '유전자 속에' 있다는 대답은 이미 순환논리에 빠진 것이라고

"

삶을 위한 우리의 준비, 신체의 기술과 정신적 습
관은 미리 만들어져 있는 것이 아니라 다른 사람
들과 함께 또는 그들과 함께하는 활동 사이에서
지속적으로 서서히 구축되는 것이다.

"

언급한 바 있다. 언어 습득을 위해 존재하는 정신적인 기관이나 조직은 초기 발달 과정에서만 나타날 수 있다. 그런데 사실상 인간의 유아는 이미 지역사회의 특징적인 음성소리로 가득 찬 환경에서 성장한다. 특히 엄마의 목소리처럼 아기가 태어나기도 전에 들을 수 있는 소리도 있다. 실제로 그런 목소리는 자궁에 있는 태아가 청력을 발달시키는 동안 듣게 되는 소리이다. 따라서 일반적인 언어 자체를 습득하는 '선천적' 능력의 발달을 특정 언어로 말하거나 그로 인해 언어를 습득하는 '학습된' 능력과 분리하는 것은 불가능하다. 마치 전자가 미리 가서 후자의 토대를 마련하기라도 한 것처럼 말이다. 차이는 처음부터 존재한다.

간단히 말하자면 말하는 법을 배우는 것은 그 사회의 사람들이 말하는 방식을 배우는 것이다. 이는 언어의 특수하고 독특한 부분을 이미 확립된 보편적인 특성에 추가하는 것이 아니다. 다른 능력도 마찬가지다. 따라서 사람들은 걷는 방법을 배울 때 땅의 특성과 신발의 구조(신발을 신고 다닌다면)에 따라 여러 가지 방식으로 걷는 법을 배우고, 연령과 성별, 지위가 다른 여러 사람들이 가진 다양한 기대치에 따라 어떤 방법이 적합한지 습득하게 된다. 하지만 이러한 차이점들은 어떤 식으로든 두 발로 이동하는 생득적이고 보편적 능력에 추가되는 것들은 아니다.

당신이 걷는 법을 배우는 것은 당신이 걷는 방식으로 걷는 법을 배우는 것이다. 또한 이는 일정 부분 다른 사람들의 지원과 집단에 반응한 것이고, 또 부분적으로는 나이가 들어감에 따라 신체가 변해가는 생체역학에 대한 것이다. 즉 걷는 방법을 배우는 것은 결코 완료되지 않고 삶을 통해 계속되는 과정이다. 내 아버지는 자신이 네 발로 시작하여 두 발로 걷는 것으로 진화한 다음, 다시 지팡이를 짚고 세 발로 걷다가 결국에는 곤충처럼 생긴 육각형의 보행 보조기를 장착한 모습으로 진화했다고 말하곤 했다. 이런 움직임의 변화는 그의 몸에 각인되어 있는 것은 아니었지만 환경에서 연습과 훈련을 통해 바로 그 양식modus operandi으로 발달했다. 따라서 특정 기술의 습득과 인간의 기관 발달인 구체화와 개체발생은 문화적 조건과 생물학적 성장 사이를 구분할 때 서로 반대편에 위치하는 것이 아니다. 그것들은 하나이고 동일하다. 우리의 몸은 우리이며 우리가 몸인 것이다. 몸이 나이를 먹으면 우리 역시 나이를 먹는다.

삶을 계속해나가면서 인간을 형성하는 것은 끝나지 않는 일이다. 우리는 스스로는 물론 서로를 끊임없이 창조하고 있다. 이런 집단적 자기 형성의 과정을 일컫는 말이 바로 역사이다. 우리는 우리가 하는 일을 통해 다음 세대가 성숙할 수 있도록 성장할 수 있는 조건을 확립함으로써 우리 스스로 역사를 만들어간다. 이런 조건들이 변하면 우리도 변한다. 우리는 우리의 선조들은 몰랐던 특성들과 능력, 성향을 발전시킨다. 우리가 할 수 있는 모든 것들을 바퀴라는 역사적인 발명 덕분이라고 생각해보라. 그 중 하나는 자전거를 타는 것이다. 자전거를 타는 것은 신체적 기술이다. 이 기술은 요즘에는 너무나 널리 퍼져서 인간이 걸을 수 있는 것과 마찬가지로 자전거를 타는 것이 자연스럽다고 생각한다. 하지만 거기에는 필요한 조건들이 있다. 기계장치는 물론 두 바퀴로 달릴 수 있는 트랙과 우리가 자전거 타는 법을 배울 수 있게 해주는 누군가가(보통은 부모가) 있는 경우에만 가능하다.

그런 발전에 필요한 조건들이 더 이상 존재하지 않을 때는 우리는 능력을 잃어버릴 수도 있다. 심지어 오늘날에는 손으로 글씨를 쓰는 능력이 부족한 아이들 세대가 자라고 있다. 우리가 사는 디지털 시대에는 더 이상 손글씨를 필수적인 생존기술로 간주하지 않는다. 미래 세대들은 걷는 능력을 잃어버릴 수도 있다. 우주비행사들에게는 이미 그 위험이 존재하고 있다. 따라서 과거와 미래에 우리 자신과 똑같은 사람들이 살 것이라는 생각은 커다란 실수이다. 구조적으로 우리의 먼 후손들은 우리와 다를 것이다. 우리가 아주 오래전 조상들과 구조적으로 동일하지 않은 것처럼 말이다.

따라서 역사는 진화한 인간 본성이라는 받침대 위에 서 있는 조직 체계가 아니다. 더 면밀히 들여다보면 이런 본성을 명확히 설명하려는 대부분의 시도는 결국 예술과 기술, 과학 및 이성 등을 인류의 이상적인 업적이라 여기며 근대성의 가치에 심취했음이 명백한 작가들의 작품으로 나타난다. 오늘날 모든 것을 해내는 우리의 능력들이 우리 조상인 수렵채집인들 덕분에 이른바 유전적인 원천으로 인류라는 종에 설치되었다고 생각한다면, 역사는 그 자체로 이런 능력들이 만족스러운 승리를 거두는 영광스러운 과정이 되는 것이다. 따라서 약 3만 년 전에 그려져서 지금까지 보존되고 있는 동굴벽화는 유럽 르네상스 시대에 절정에 달했던 예술적 능력을 보여주고, 출처가 동일한 같은 시기의 석기 도구는 마이크로칩과 함께 절정에 달한 기술 능력을 드러내며, 그림과 도구를 만든 사람들은 뉴턴이나 아인슈타인과 같은 능력이 있음을 보여준다고 주장한다. 그러나 '인간의 향상'으로 널리 알려진 명백한 유럽 중심의 시각은 현대의 발전 신화에 빠지지 않은 역사가들의 성취를 배제하고 있다. 우리는, 우리는 할 수 있지만 그들은 할 수 없는 것들이 있으면 우리 종의 보편적인 능력이 더 발달했기 때문이라고 생각하는 반면, 우리는 할 수 없지만 그들은 할 수 있는 모든 것들은 문화적 전통이 지닌 특징이라고 치부해버린다. 그렇다면 인간 본성은 우리 자신의 우월성에 대한 믿음을 뒷받침하는 소품에 불과한 것이다.

이른바 '서양' 사회에서 태어나 자란 대부분의 사람들처럼 나는 의자에 앉는 것에는 익숙하지만 쪼그려 앉는 데는 매우 불편함을 느낀다. 나는 걸을 수 있지만 머리에 짐을 올리고 균형을 잡을 수는 없다. 나는 읽고 쓸 수는 있지만 서사적인 이야기에 대한 기억은 없다. 쪼그려 앉는 방법이나 머

유칼립투스 가지 묶음을 머리에 얹은 채 에티오피아의 아디스 아바바 근처의 엔토토 언덕의 경사면을 따라 내려오는 여성들. 그들은 이 나무를 도시에서 팔아서 식량을 마련할 것이다. 예술가이자 민족학자인 마뉴엘 라모스(Manuel Ramos)의 스케치.

리에 짐을 얹는 법, 혹은 스토리텔링처럼 인류라는 종의 전반적인 특성이 내가 사는 문명에서보다 다른 문명에서 훨씬 더 발달했듯이, 내가 이런 방법들을 배우지 못하도록 방해한 것은 내가 자라온 환경의 편파성 말고는 없을 것이다. 이런 편향성을 극복하기 위해서는 그 같은 특징들을 인간이 과거에 해왔던 모든 일들과 그 후손들이 미래에 할 모든 일들을 할 수 있는 일반화된 능력으로 봐야 한다. 인류학에서의 관용적 표현에 따르면 이는 '문화적 능력'이라 불리고 있다.

이 주장에 따르면 인간 삶의 형태는 사실상 한없이 다양할 수 있지만 이런 형태를 습득하는 능력은 인간이라면 누구나 공통으로 가지는 특성이다. 즉 문화적 능력은 모든 인간이 날 때부터 갖고 있는 진정한 보편적인 특성이라는 것이다. 인간은 언어를 습득하는 것처럼 자신이 태어난 공동체의 문화를 습득하기 위한 능력을 사전프로그램처럼 탑재하여 선천적으로 갖고 태어난다고 추정한다. 본능적으로 무엇을 어떻게 해야 하는지 아는 다른 동물들과는 달리 인간은 배워야 한다. 그렇게 할 기회를 갖지 못한다면 그 개체는 제대로 성장하지 못하고 불구가 될 수도 있다. 따라서 유일하게 인간에게만 문화가 자연이 우리에게 주는 것과 우리가 세상에서 역할을 수행하기 위해 필요한 것 사이의 부족분을 보충한다고 주장한다.

이는 50여 년 전 미국의 인류학자 클리포드 기어츠Clifford Geertz가 주장한 것으로, 인간의 조건에 대해 반복해서 내린 판단의 배후에 있는 생각이었다. 기어츠는 '우리에 대한 가장 중요한 사실'이 어쩌면 '우리는 모두 천 가지의 삶을 살 수 있는 타고난 자질을 갖고 시작하지만 결국은 오직 한 가지의 삶만 살게 된다'는 것일지도 모른다고 결론 내렸다.[6] 이 관점에서 보면 인간의 삶은 보편성에서 특수성으로, 자연적으로 주어진 것에서 문화적으로 습득한 것으로, 점진적으로 능력을 채워나가고 가능성을 줄여나가는 과정을 수반한다.

하지만 우리의 판단은 정확히 그 반대이다. 삶은 폐쇄가 아니라 개방으로 향하고 그 앞에 놓일 수 있는 어떤 결론이든 계속해서 앞지르는 것이다. 따라서 삶을 위한 우리의 준비, 신체의 기술과 정신적 습관은 미리 만들어져 있는 것이 아니라 다른 사람들과 함께 또는 그들과 함께하는 활동 사이에서 지속적으로 서서히 구축되는 것이다. 예를 들어 걷고 말하는 등의 아이의 능력은 친구들을 따라잡고 친구들의 관심을 끌며 자신을 이해시키고 몸을 움직이려는 수많은 시도와 함께 육체가 성장함에 따라 발달한다. 대부분의 인간이 자라서 걷고 이야기하는 것은 이 두 가지를 모두 할 수 있는 능력이 처음부터 주어진 재능에 의해 강화되었기 때문이 아니라, 즉흥적인 움직임과 의사소통이 동료들의 지원을 받고 환경적 조건의 범위 아래서 하나로 통합되려는 경향이 있기 때문이다. 인간 본성에 대한 질문의 답은 사람들이 처음부터 공통적으로 갖고 있던 것이 아니라 이런 통합에 있다.

우리와 그들

/

인간의 삶은 본성으로 결합되는 것이 아니라 결국 문화에 따라 나뉜다. 진화심리학자 존 투비John Tooby와 레다 코스미데스Leda Cosmides가 말한 "유아들은 어디에서나 똑같은 존재"라는 주장에 근거를 두어야 하는 어떤 계획을 설명하려면 무언가 잘못된 것이 있어야 한다.[7] 모든 유아들은 다르다. 고유의 게놈을 갖고 있어서가 아니라 각기 특정한 시간에 특정한 장소에서 세상으로 왔기 때문이다. 또한 각자 다른 어머니의 자궁에서 다른 임신 기간을 보냈고 그 어머니 역시 모두 다른 지역사회 및 그 사회가 처한 환경에서 일생을 보냈기 때문이다. 우리 모두는 이 연속적인 다양성의 세계 속으로 들어왔고, 그 시간과 그 장소에서부터 삶을 지속해나가는 것 말고는 다른 대안이 없다. 그 진행 과정을 가로질러 나가는 것은 강의 삼각주처럼 다른 사람들의 생활방식과 합치되고 갈라지는 것이다.

합치되고 갈라지는 것은 삶의 주기가 계속되는 동안 긴밀하게 진행된다. 따라서 우리는 삶의 종말에 다가갈수록 태어났을 때처럼 더 이상 서로 다르지 않고 같아진다. 사람들은 요람에서 무덤까지의 삶에 걸쳐 어울려서 함께하는 그 과정에서 서로를 차별화한다. 인간의 가정을 예로 들자면, 한때 가정의 친밀함과 난로의 온기를 함께 공유했던 형제자매들이 흩어지고 결국 다른 사람과 결합하여 각자 자신의 가정을 꾸리게 된다. 나뉘는 것은 그들의 동일성이다. 반면, 차이는 우리를 함께 묶어주는 접착제이다.

이것이 오늘날 인류학이 주는 교훈이라면, 내가 50년 전 케임브리지 대학에서 인류학과 학부생으로 배운 것은 그것이 아니었다! 그 시절에는 그런 차이가 분열을 의미한다는 말을 하지 않고 넘어갔다. 사람이나 사물을 구분하는 것은 그들을 더 높은 수준이나 낮은 수준으로 분석하면서 이런저런 종류의 카테고리로 묶는 것을 통해서만 가능했다. 따라서 種種, species의 수준에서 구별되는 동물의 종류들은 같은 속 屬, genus으로 그룹화할 수도 있었다. 그리고 사람들은 어떤 단계에서는 그들이 갖고 있는 공통점에 따라 다른 방식으로 행동하는 사람들에 반해 스스로를 분류하려고 했으며, 또 다른 단계에서는 자신들의 차이점을 감소시키고 더 이상 제거되지 않는 사람들에 반대되는 다른 이들과 단결하려 했다. 우리는 중첩된 부분으로의 세상을 향한 이런 배열이 인류학의 법칙에 접근하는 무언가라고 배웠다.

　당시 나의 선생님 중에는 에드먼드 리치Edmund Leach가 있었다. 그는 저명한 인류학자이면서 대중적으로도 유명한 지식인이었다. 1967년, 리치는 BBC의 <리스 강의Reith Lectures>에서 '런어웨이 월드?A Runaway World?'라는 제목으로 강연을 했다. 그 강연에서 그는 인간의 조건으로 미루어볼 때 모든 차이가 대조적이라고 주장했다. "나는 나 자신을 집단적인 우리와 동일시한다. 그렇다면 이는 다른 누군가들과는 대조적이라는 뜻이다."[8] 리치는 청중에게 '그들' 없이는 '우리'도 있을 수 없다고 했다. 우리는 이렇게 행동하기 때문에 동일하고 그들은 저렇게 행동하기 때문에 동일하다. 분열된 세상에서 그 차이는 우리와 그들 사이의 경계로 밀려난다.

우리의 정체성은 우리를 같게 혹은 동일하게 만드는 무언가에 존재하는가? 그 정체성이 우리를 집단 내의 구성원으로 나타내주는가? 차이는 정체성의 바깥 변두리에 존재하는가, 아니면 그 중심에 있는가? 이런 질문들은 우리 시대의 가장 골치 아픈 질문들이다. 우리가 스스로를 누구라고 생각하는지, 세상에서 우리가 차지하는 위치는 어디인지 등의 가장 근본적인 질문을 던지기 때문이다.

나에게 내가 누구인지 물어본다면 나는 나의 이야기를 통해서만 제대로 대답할 수 있다. 그것은 내가 사랑했던 사람들에 대한 이야기일 수도 있고, 지금까지 살아오면서 만났던 사람들과 내가 살았던 장소, 내가 만들고 사용했던 물건들에 대한 이야기일 수도 있다. 나는 그들에게 나라는 존재를 빚지고 있으며 그들 또한 어느 정도는 내게 그들의 존재를 빚지고 있다. 물론 당신의 이야기는 나와는 다르겠지만 당신이 이 글을 읽고 있는 것처럼 우리는 또한 사회적 관계라는 풍경을 지나며 함께 여행하는 동료이기도 하다. 지형

경관 속에서 사람은 어떤 경계를 넘나들지 않고도 이곳저곳을 걸어갈 수 있다. 그렇다면 어떤 동일성을 위해 차이를 포기하지 않고도 어떤 장소가 사람에서 사람으로 옮겨가는 것, 즉 공통의 장소를 만드는 것도 가능하지 않을까? 만일 당신과 나, 그리고 우리 모두가 이미 동일하다면, 우리는 무엇에 대해 이야기해야 할까? 어떤 대화를 나눌까? 오로지 경험, 관찰, 기술 등 우리가 다른 주제를 제기하기 때문에 그것들이 공통적인 문제가 될 수 있다.

사실 '커뮤니티community'라는 용어는 라틴어의 '함께'를 뜻하는 콤com과 '선물'을 뜻하는 무누스munus가 합쳐진 것으로 '함께 살아간다'라는 뜻은 물론 '함께 준다'라는 의미도 갖고 있다. 우리는 모두 각기 다르지만 서로에게 줄 것이 있기 때문에 커뮤니티에 속해 있다. 커뮤니티 내의 정체성은 근본적으로 관계적이다. 즉 우리가 누구인지는 언제나 집단생활 속에서 주고받는 관계를 통해서 우리 스스로를 발견하는 지표이다.

하지만 이런 정체성에 대한 의식은 현대 국가의 헌법과 현저한 차이를 보인다. 현대 국가의 헌법은 시민들 사이의 차이를 용인하지 않고 오히려 의무와 권리의 평등을 요구하기 때문이다. 시민으로의 정체성은 다른 사람들이나 커뮤니티, 장소에 속해 있는 것이 아니다. 그것은 오히려 당신이 갖고 있는 속성이며, 도둑맞을 수도 있는 당신 소유의 권리나 재산이다. 정체성이라는 개념이 잠재적으로 지닌 결정적 책임, 그리고 정치적 혼란을 야기할 수 있는 그것의 능력은 각각 관계적이고 귀속적이라는 두 감각 사이에 존재하는 모순에 정확히 놓여 있다. 그런 책임과 능력은 커뮤니티가 국가의 권력으로부터 위협을 받고 있다고 느낄 때마다 나타나는 경향이 있다. 그럴 때 사람들은 귀속적 용어로 그들의 차이를 주장하도록 요구받는다. 그들에게 속한 내면적, 유전적 속성의 외적 표현으로서의 소속감을 파생시키는 바로 그 관계를 재구성하는 것이다. 이는 '그들'에게 대항하여 공유된 유산이나 문화적 본질을 지키기 위해 커뮤니티의 일부인 '우리'에서 '우리와 같은 사람들'로 변화하며 결합하는 것이다. 바로 여기에 민족성이라는 현상의 뿌리가 존재한다.

하지만 만일 '우리'가 커뮤니티라면 '그들'은 누구일까? 그들은 우리가 속한 곳에 속해 있지 않다. 우리의 존재를 빚지고 있는 다른 이들에게 그들의 존재를 빚지고 있지 않다. 세상에서 우리가 위치한 곳에 그들이 있지 않다. 우리는 할 이야기가 있지만 그들은 그렇지 않다. 이 사람들은 누구인가? 당장 누구에게도 신세지지 않고, 어느 곳의 거주민도 아니며, 생각과 표현의 보편성에 헌신적인 이 사람들은 누구인가?

당연히 그들은 현대성의 전형적인 대표자이자 우리가 '서양the West'이라고 부르는 곳의 시민들이다. 인류학의 역설 중 하나는 비서양 사람들의 삶과 시대에 대해서는 말할 것이 많지만 서양 사람들에 대해서는 언급할 거리가 거의 없다는 것이다. 서양은 대부분 다른 장소, 다른 시기에 살고 있는 사람들의 경험의 특수성과 대비되는 거울의 뒷면으로 거론된다. 서양은 '외부의 세계', '더 넓은 사회' 혹은 단순히 말해 '다수'이다. 영국이나 미국과 같은 이른바 서방국가에 살고 있는 사람들조차 인류학이라는 렌즈 아래서는 철저히 비서양적으로 나타난다. 알고 보면 서양인들은 언제나 그들의 부재로 인해 주목을 받는다. 사실 그들은 존재한 적도 없었다. 철학자들과 정치인들은 현대의 보편적 가치를 격렬하게 주

"

인류학의 역설 중 하나는 비서양 사람들의 삶과
시대에 대해서는 말할 것이 많지만 서양 사람들
에 대해서는 언급할 거리가 거의 없다는 것이다.

"

장하지만, 그런 가치에 의해 살아가는 것은 실제로 불가능하다. 세계주의적이고 합리적이며, 타협하지 않고 자기중심적이며, 어디에도 누구에게도 속하지 않는 현대의 서양인은 우리 상상 속의 산물이다. 혹은 철학자 브뤼노 라투르Bruno Latour의 유명한 책의 제목과 마찬가지로 "우리는 결코 현대적이었던 적이 없다."[9] 그렇다면 이 책의 제목에 등장하는 '우리'는 누구인가?

그런 특성들이 존재하지 않는다면 우리는 서양인이 될 수 없다. 또 그런 것들에 반대되는 특성이 없다면 비서양인도 될 수 없다. 어쩌면 우리가 인간이라고는 말할 수 있겠지만 그것은 우리를 인간이라는 종 전체, 즉 인간이 아닌 모든 것에 반대되는 개념으로 볼 때 우리가 같다고 할 수 있을 뿐이다. 그러나 정체성에 대한 관계적 접근은 '우리'가 의미하는 것에 근본적으로 반대되지 않는 사고력을 갖게 해준다. 그리고 우리는 이 접근을 통해 결국에는 서양과 다른 나머지 세계, 그리고 실제로 인류와 자연의 자기 영속적인 양극화에서 탈출할 수 있는 지식을 얻는다. 이와 같은 의미의 '우리'는 나와 같은 사람들과 그렇지 않은 사람들 사이의 경계를 기준으로 내부를 뜻하는 것이 아니라 현재 내가 관계를 맺고 있는 무한한 모든 상황을 가리킨다. 정체성에 대한 관계적 접근은 포함하지도 배제하지도 않고 퍼져나간다. 기존의 유산을 방어하는 것이 아니라 공통의 근거를 찾는 것이다. 그것은 우리를 다른 이들과의 접촉으로부터 면제시키기보다 그들에게 노출시킨다.

이런 '우리'는 관계들의 묶음으로 만들어진 군집이지만 차이에 얽매여 있는 것은 아니다. 여기에는 차이와 유사성, 그리고 서로가 되어 함께하는 것이 모두 밀접하게 관련되어 있다. 만약 하루가 끝날 때 우리가 하나의 세상에 살고 있다면, 그것 역시 이 세계가 전 지구 인류의 자연적 보호구역이나 보편성이 놓여 있는 평판이기 때문이 아니라 무한하고 끊임없이 떠오르는 역사적 변이의 장이기 때문일 것이다. 나는 이 세상에 살고 있는 모든 사람들에게 내가 이 책을 시작하게 만든 질문을 하려 한다. '우리는 어떻게 살아야 하는가?' 출신지에 상관없이 그들은 우리이기 때문이다. 인류학에서의 '우리'.

ANTHROPOLOGY

분열된 학문

온갖 학문의 바다에서

/

나는 원래 과학자가 될 생각이었다. 하지만 1966년 대학에 입학하고 나는 과학에 무언가 아주 잘못된 점이 있다고 생각하기 시작했다. 표면상 과학은 전 인류의 이익을 위한 지식 발전과 개방성의 원칙에 전념하고 있었다. 하지만 적어도 우리가 과학으로부터 배운 방식으로 보자면 과학은 무능하고 지적인 밀실공포증에 빠져버렸으며 현실적인 경험과는 동떨어진 목표만을 추구하고 있었다.

당시 베트남 전쟁은 절정에 달하고 있었다. 많은 학생들이 과학이 민주주의 원칙을 포기하고 산업과 군사력의 거대 조직에 항복한 것에 격분했다. 나 역시 과학자들의 연구가 적용된 방식에 대한 책임을 명확하게 지기를 거부하는 과학 기관에 불쾌감을 느꼈다. 그들에게는 그것이 언제나 다른 사람, 즉 정치인과 군인 또는 기업인의 문제였다.

가장 신경 쓰였던 것은 과학계 전반에 만연한 오만함이었다. 과학이 기술적으로 해결책을 고안해낼 수 없는 문제란 없었다. 과학 발전의 결과로서 화학물질, 발암물질, 방사성 낙진에 가장 직접적으로 노출되어 고통받는 사람들에 대한 과학계의 반응은 언제나처럼 과학이 그 치료법을 찾을 수 있다고 믿는 것이었다. 당시 지구 온난화 문제는 거의 수면 위로 올라와 있지 않았다. 하지만 오만하고 자신감 있는 태도를 견지하는 지구공학의 선구자들은 인류의 이익을 위해 지구 전체를 고치고 완전히 통제할 수 있는 새로운 시대가 도래했다고 굳게 믿었다.

그 스펙트럼의 다른 끝에는 다양한 인문학 분야의 학자들이 있었다. 학생인 내 성급한 시각으로 볼 때 그들은 엄청난 자기만족 때문에 괴로워하는 것처럼 보였다. 그들 역시 도서관과 기록보관소에 머리를 파묻은 채 오래전에 사라진 난해한 세계에 빠져 현재 인간이 직면한 상태의 긴급함을 다룰 준비가 되어 있는 것 같지 않았다. 오늘날 경험한 것과 마찬가지로 삶의 현실에 밀접한 문제들은 너무 뜨거워서 다룰 수 없는 것 같았다.

이 같은 인문학자들과 자연과학자들 사이에 상호 대립이 지속되었다. 양쪽 사이를 오가는 말도 거의 없었다. 나는 이런 상황을 보며 자연과학과 인문학 사이의 구분이 서구 지성사의 거대한 비극을 키울 뿐이라고 확신하게 되었다. 모든 비극과 마찬가지로 그 구분은 고전시대부터 서구 사상의 특징이 되어온 어떤 필연성으로 드러났다. 즉 자연과 인류를 분리하고 자연 속에서의 존재 방식과 세상을 알아가는 방식을 분리함으로써 인정받은 그 필연성 말이다.

우리가 보았듯이 이런 특징은 우리가 갖고 있는 인간에 대한 개념에 뿌리를 두고 있다. 대학에서 공부를 시작했을 때는 그저 막연한 직감에 불과했지만 이것이 인류의 자멸로 귀결될 수 있다는 예감이 들었다. 그 점이 나를 인류학으로 이끌었다. 나는 인간과 인간이 되는 것을 다시 하나로 만들고, 그러면서도 한편으로는 결코 계속되는 경험의 시각을 잃지 않으며, 인문학과 자연과학 그 양쪽을 다시 한데 모으기 위해 존재하는 학문이 여기 있다고 생각했다.

나는 대학에서 1년간 자연과학을 공부하며 좌절감을 느끼고 인류학으로 진로를 바꿨다. 그 이후로는 한 번도 뒤돌아본 적이 없다. 그러나 나는 주변을 살펴보며 점점 걱정이 커져갔다. 극복해야 할 존재라고 생각했던 그 구분에 의해 분열된 학문만이 보였기 때문이다. 스스로를 사회인류학자social anthropologist 또는 문화인류학자cultural anthropologist 또는 그저 민족지학자ethnographer라고 부르는 학자들이 있다. 그리고 자신은 체질인류학자physical anthropologist, 생물인류학자biological anthropologist 혹은 종종 인간의 진화를 공부하는 학생일 뿐이라고 말하는 학자들도 있다. 전자는 철학적 연구와 문학적 연구부터 역사와 비교종교학에 이르기까지 인문학의 여러 분야에 정통한 사람들이다. 후자는 진화심리학, 신경과학, 행동생태학, 고생물학 등과 같은 분야를 연구한다. 그들은 서로 이야기를 나누는 경우가 드물고 설령 대화를 한다고 해도 서로를 향한 반감이 깊다는 것만 확인할 뿐이다.

최근 몇 십 년 사이에 온갖 종류의 인류학이 등장하여 이 그림을 더 복잡하게 만들었고, 각 학문들은 각각의 관심사와 함께 그들만의 연구 방법과 이를 출판하는 수단을 갖고 있다. 의학인류학자, 시각인류학자, 환경인류학자, 인지인류학자, 개발인류학자, 설계인류학자, 도시인류학자, 역사인류학자, 법의학인류학자, 사이버인류학자 등의 분야들이 새로이 등장했다. 또한 스스로를 인류학자로 생각하는 학자들 중에서 '인류학'과 무관해 보이는 분야에서 일하는 사람도 있다. 예를 들자면 재료문화연구, 박물관학, 과학기술학 등이 그것이다. 초보자들에게는 이런 다양성이 당혹스러울 수도 있다. 인류학이라는 학문은 너무 많은 조각들로 부서진 나머지 결코 다시 결합할 수 없는 것은 아닐까? 이 모든 인류학들을 하나로 묶어놓을 수 있는 무언가가 있을까?

나는 인류학과 인류학이 왜 중요한지에 대한 책을 쓸 수 없었다. 적어도 잠재적으로라도 이 급증하고 있는 공통된 주제들을 하나의 끈으로 묶는 무언가가 있다고 믿지 않는 한 말이다. 하지만 그것이 무엇인지를 알기 위해서는 먼저 한 걸음 뒤로 물러나 인류학의 시작에 대한 인류학적 대화에 참여하고 뒤이은 기복에 따라야 한다. 그것이 이 장에서 내가 할 일이다. '인간에 대한 과학'을 통합하려는 오만한 야망을 통해 인류학이 왜 시작되었는지, 그리고 결국에는 왜 붕괴되었는지를 이해하는 것이 중요하다. 이런 일들이 항상 즐거운 것만은 아니다. 대부분의 학문 분야는 그들의 과거를 자랑스럽게 여긴다. 위대한 업적들을 위한 토대를 마련한 선견지명을 가진 선구자들과 유명한 선조들을 찬양하는 것을 좋아한다. 가발을 쓰고 수염을 기른 그들의 모습은 교과서의 페이지들을 장식한다.

하지만 인류학은 그렇게 운이 좋지 않다. 우리의 선조들은 꽤 많은 수의 선각자, 괴짜, 인종차별주의자, 고집불통이 한데 섞여 있다. 우리의 찬장은 말 그대로 해골들로 가득 차 있다. 쪼그라든 두개골은 말할 것도 없고 의식을 거행하는 도구에 이르기까지 우리의 박물관을 채우기 위해 전 세계 사람들로부터 훔친 물건들이 가득한 것이다. 우리는 결승선으로 향한 경주라기보다 일련의 잘못된 출발선에 가까운 학문 역사의 페이지를 채운 해골 측량사와 보물 사냥꾼, 문화 도둑들을 자랑스럽게 생각하지 않는다. 대중이 이해하는 인류학에서 우리는 여전히 대부분이 잊고 싶어 하는 과거에 얽매여 있다.

현대판 학문의 신전에 있는 다른 많은 분야와 마찬가지로 인류학은 '이성의 시대'가 낳은 자식이다. 인류학은 17세기와 18세기 자유주의 철학자들과 지식인들의 종교 교리와 정치적 독재에의 거부와 함께 생겨난 개념들의 소용돌이 속에서 자라났다. 그들은 유럽 사상사에서 '계몽주의'라고 알려지게 된 운동을 이끌었다. 계몽주의 사상가들은 이성적 탐구와 종교적 관용, 그리고 개인의 자유라는 개념에 충실했고 인류를 미신과 교리에서 해방시키는 것이 그들의 위대한 문명적 사명이라고 생각했다.

이는 고귀한 소명이었지만 다른 측면도 갖고 있었다. 문명의 주된 서사는 어딘가에서 시작되어야 했기 때문이다. 인류학은 인류의 위대한 향상을 이끌 수 있었던 인류의 원형이 어떤 상태였는지 추측해야 했다. 문명세계로 발전하기 전에, 인간은 한때 원시적이었을 것이 분명하다. 이런 생각은 자연상태 그대로의 삶이 어떤 것인지에 대한 많은 추측을 낳았다. 이에 대해 영국 계몽주의를 효과적으로 시작한 토머스 홉스Thomas Hobbes가 내린 유명한 결론이 '더럽고 야만적이고 부족하다'는 것이다. 같은 영국의 동료 계몽주의자였던 존 로크John Locke는 자연세계로부터 생계를 유지하는 사람이 야생동물들과는 다르게 단지 얻는 것을 넘어 '재산을 소유하기 시작한' 시점이 언제인가를 궁금해했다. 프랑스에서는 장자크 루소Jean-Jacques Rousseau가 자연인이나 야만인의 평등함과 자존감(아모르 프로프르amour propre)을 찬양했다. 한편, 스코틀랜드의 애덤 퍼거슨Adam Ferguson은 이성을 가진 사람들이 누리는 시민의 자유를 위해 야만인이 포기해야 하는 자주적인 자유를 포기하는 것이 무엇을 의미하는지에 대해 고민했다.

이런 추측은 거의 대부분 증거를 통해 입증할 필요가 없었다. 야만인은 종종 여행자들이 아메리카 대륙과 오스트레일리아, 동인도 및 아프리카에 건설된 식민지 영토에 사는 토착민에 대해 들려주는 선정적인 이야기에 다양한 수준으로 살을 붙인 박식한 유럽 정신의 발명품이었다. 그 당시는 다양한 사람들이 살고 있는 모든 지역이 아직 알려지지 않았던 시대였고, 그런 땅에 살고 있는 사람들이 실제로 인간인지에 대한 논쟁이 격렬하게 벌어졌다. 스웨덴의 위대한 자연주의자 칼 폰 린네Carl von Linne는 동물의 왕국 전체를 포괄하는 분류 체계 안에서 인간을 영장류의 순서대로 호모 속屬의 아래에 배치하는 중대한 걸음을 내디뎠고, 그것은 그의 동시대 사람들로부터 충격적이라는 평가를 받았다.

하지만 이 속의 구별되는 특징이 무엇인지에 대해서는 합의가 제대로 이루어지지 않았다. 꼬리가 있는 사람의 형태를 한 생물에 대한 보고서를 예로 들어보자. 그들을 인간이라고 할 수 있는가? 일명 몬보도의 영주라 불렸던 별난 스코틀랜드 판사 제임스 버넷James Burnett은 그들이 인간일 수 있다고 주장했다. 몬보도는 1773년에 출간된 『언어의 기원과 진보Of the Origin and Progress of Language』라는 6권짜리 책의 1권에서 린네의 논문에서 보았던 인간의 유형을 묘사한 판화들에 대해 언급했다. 그 중 '루시퍼'라는 이름을 붙인 그림에는 꼬리가 달려 있었다. 몬보도는 루시퍼를 인간으로 받아들이는 것이 만족스러웠다. 그는 독자들이 자신을 불신할 것을 예상하면서, 인간이 어떤 모습인지에 대한 자신만의 익숙한 생각에 얽매여 있지 말라고 경고했다. 꼬리가 달린 인간을 만난 적이 없다고 해서 그런 생물이 존재할 수 없다는 뜻은 아니라는 것이었다.

사실 몬보도는 틀렸다. 해부학적으로 인간에게는 꼬리가

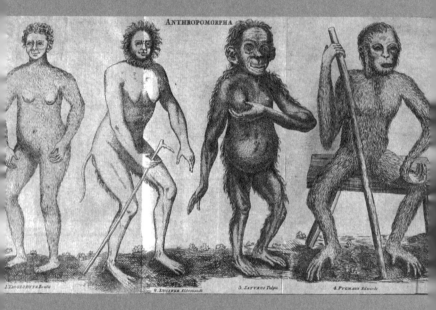

'안드로포모르파(Anthropomorpha)'. Amoenitates academicae에 삽입된 크리스찬 엠마뉴엘 호피우스(Christian Emmanuel Hoppius)의 작품. 루시퍼는 왼쪽에서 두 번째에 위치해 있다.

없다. 루시퍼라는 그림은 16세기 자연주의자 울리세 알드로 반디Ulisse Aldrovandi와 린네의 제자 호피우스의 작품을 베낀 것으로 밝혀졌는데, 이는 고양이 꼬리가 달린 식인종으로 알려진 허구의 부족 중 한 명을 묘사한 것으로 추정된다. 하지만 어쩌면 몬보도는 옳은 이유로 틀렸던 것일지도 모른다. 몬보도는 린네의 분류에 대해서 인간에게 질문을 함으로써만이 그들이 인간임을 구별할 수 있다고 결론지었다. 유인원과 인간은 비슷하게 보이지만 인간은 꼬리가 없을뿐더러 인간만이 스스로 무엇을 하는지를 이해할 수 있다. 린네는 이것이 인간이 창조주에 의해, 기능을 가진 신체뿐만 아니라 이성 혹은 지성이라는 선물을 부여받았기 때문이라고 생각했다. 즉, 정신이 있다는 것이다. 유인원들에게는 철학자가 없다.

그러나 이런 질문은 여전히 존재한다. 이 정신이 발전할 수 있을까, 정신의 소유주가 일정한 해부학적 형태의 나침반 속에서 미개의 상태로부터 벗어나 문명인으로 자라날 수 있을까? 뇌와 신체는 학습의 무게를 지탱할 수 있도록 미리 설계되었을까? 정신적 진보가 체격을 향상시키는 등의 육체적 개선으로 이어질 수 있을까? 이것이 가능하다고 믿었던 사람 중 한 명이 HMS 비글호의 선장인 로버트 피츠로이Robert Fitzroy였다. 한번은 그의 배가 남아메리카 최남단에 있는 티에라 델 푸에고의 섬에 정박한 적이 있었는데, 그때 원주민 네 명이 배에 탑승하게 되었다. 피츠로이는 그들은 영국으로 데려가 영국의 풍습과 예의범절을 가르치기로 결심했다. 그리고 몇 년 뒤 그들의 고향에 되돌려 보내 영어를 퍼뜨릴 생각이었다.

몇 년이 지나고 피츠로이의 지휘 아래 티에라 델 푸에고로 다시 돌아가는 비글호에는 젊은 찰스 다윈이 타고 있었다. 다윈은 배에 함께 탔던 '푸에고인' 동행자들에게 좋은 인상을 받았다. 다윈은 그들이 자신보다 정신적으로 크게 열등하다고 생각하지 않았다. 그들은 잘 차려입었고 예의바르며 상냥했다. 하지만 1832년 12월, 비글호가 티에라 델 푸에고에 다시 도착했을 때 다윈은 충격을 받았다. 그가 그곳에서 마주친 원주민들은 단정함과는 너무나 거리가 멀었다. 그는 원주민들이 자신과 같은 인간이라는 것을 믿기 어려웠다고 회상했다. 다윈은 그보다 더 비참한 상태로 사는 생물을 단 한 번도 만난 적이 없다고 생각했다. 그가 쓴 일기장에는 '깜

짝 놀라다', '끔찍한', '더러운', '지저분한', '폭력적인' 등의 단어가 난무했다. 원주민들이 쓰는 언어에는 딸깍 소리와 끙끙거리는 소리밖에 없었고, 그들에게서 도덕적 감각이나 예의범절을 찾아볼 수 없었다.

그곳에서의 경험을 결코 잊지 못했던 다윈은 40년 후에 『인류의 유래The Descent of Man』를 집필하면서도 푸에고의 해안에서 원주민 무리를 처음 보았을 때 받았던 인상을 여전히 기억하고 있었다. 이 책에서 그는 자신의 마음을 파고들었던, '우리의 조상들도 이러했을까'라는 질문도 던지고 있다. 우리는 원숭이나 비비에게서 유래했다고 하는 것이 더 낫지 않을까? 물론 그는 이런 비참한 영혼들은 지구에서 발견할 수 있는 가장 낮은 수준의 인간을 보여주는 것이 분명하다고 생각했다. 하지만 다윈은 자신의 주장을 뒷받침하기 위해 매우 낙후된 그들의 상태를 이용했다. 즉 열등한 상태의 인간과 동물의 간격은 너무 좁아서 곧바로 연결될 수 있으며 더욱이 이는 원칙적으로 야만인과 문명인을 구분하는 것과 다르지 않다는 것이었다.

사회인류학을 선택하다

／

『인류의 유래』는 1871년 출간되었다. 이 책에서 다윈은 40년 전 초기 연구인 『종의 기원Origin of Species』에서 제시했던 원칙을 인류에게로 확장하고자 했다. 아무도 그 시도에 대해 반박하지 않았다. 『종의 기원』은 다양한 유기체가 하등한 형태에서 더 고차원적인 형태로 바뀌기 위해 진보가 필요하다는 전제 없이 다양한 삶의 환경과 조건에 어떻게 적응하는지에 대한 내용을 다루고 있다. 이에 비해, 『인류의 유래』는 무엇보다도 특정한 환경 조건은 고려하지 않고 최고로 미천한 동물의 가장 기초적인 정신의 모습으로부터 정신의 가장 높은 단계인 인류의 문명까지 정신의 진보에 대해서 다루고 있다.

다윈은 스스로가 존재한다고 인지하는 지능의 힘은 인간에 국한되지 않고 모든 종의 동물들도 갖고 있다고 확신했다. 그는 진화되지 못한 지렁이조차 기본적인 지능을 갖고 있다고 생각했다. 다윈은 인간과 동물의 격차를 좁히면서 인간을 격하시키는 것이 아니라 동물을 업그레이드시키고 있었다. 사실 동물학자이자 고생물학자이며 철저한 다윈주의자인 토머스 헨리 헉슬리Thomas Henry Huxley는 이런 관점으로 다윈의 주장에 동조하는 글을 펴냈다. 1863년 출간된 『자연 속의 인간의 장소Man's place in nature』에서 헉슬리는 다른 동물들로부터 우리를 분리하는 절대적인 경계선은 존재하지 않으며, 신체적 특성으로 간주되는 것은 정신적 특성으로도 볼 수 있다고 주장했다. 그는 "감각과 지성에 대한 최고의 능력들은 저급한 형태의 삶에서 자라나기 시작한다."[1]라고 말했다. 헉슬리의 생생한 은유를 통해 표현하자면, 고대 바다의 진흙에서 높은 산봉우리가 자라난 것과 마찬가지로 문명은 야만적인 기원에서 싹튼 것이다.

야만성의 진흙탕 속에서 문명을 싹틔울 수 있었던 힘은

무엇일까? 헉슬리와 마찬가지로 다윈에게도 그 답은 의심의 여지가 없었다. 당연히 자연의 선택이었다. 다윈이 습관적으로 말했던 것처럼 생존에 대한 끊임없는 투쟁에서 언제나 더 지적인 존재가 승리하여 약하고 어리석은 경쟁자의 자리를 대신할 것이다. 시간이 지남에 따라 지적이고 발달한 승리자의 특성이 보존되는 경향이 생길 것이고 이에 따라 세대를 거치면서 일반적인 진보를 가져오는 것이다. 하지만 비판적으로 말하자면, 이런 주장은 오직 한 가지 조건에서만 작동한다. 문제의 그 변화들이 유전 가능하고 그런 의미에서 선천적이어야 한다는 것이다. 시간에 대해 생각할 때 이 조건은 반드시 고려되어야 한다.

1860년대와 1870년대에는 법과 관습, 결혼과 가족, 종교와 신념, 그리고 경제생활 분야에서의 인간 진보를 일련의 확정적 단계를 통해 도표화하려는 출간물이 홍수처럼 출간되었다. 헨리 메인Henry Maine의 『고대법Ancient Law』, 루이스 헨치 모건Lewis Henry Morgan의 『고대사회Ancient Society』, 존 퍼거슨 매클레넌John Ferguson McLennan의 『원시혼Primitive Marriage』, 요한 야콥 바흐오펜Johann Jakob Bachofen의 『모성의 권리Mother Right』 그리고 에드

워드 버넷 타일러Edward Burnett Tylor의 『원시문화Primitive Culture』가 이 시기에 등장한 대표작이다.

이 모든 것들은 독일의 지식인 아돌프 바스티안Adolf Bastian 이 만들어낸 학설에 기반을 두고 있다. 그것은 바로 '인류의 심리적제일성'心理的齊一性, psychic unity of mankind이다. 이 학설에 따르면 인간은 모두가 동등하게 정신적 능력을 부여받으며, 국가 간의 차이란 오로지 문명화된 정도에 따라서 존재할 뿐이다. 마치 이른바 '야만적인', '미개한', '문명화된' 국가들이 인류에게 공통된 핵심적인 커리큘럼을 통해 발생, 발달, 진보라는 발전의 연속적인 단계를 보여주는 것처럼 말이다.

하지만 다윈과 헉슬리는 조심스럽게 건설된 체계를 완전히 날려버릴 수도 있는 위협적인 도화선을 설치했다. 인류의 전면적인 개선을 보장하는 가장 좋은 방법으로서, 정신적 재능이 부족하다고 여겨지는 사람들, 즉 불쌍하고 가난한 사람들, 백인이 아닌 인종의 사람들의 사망을 서둘러야 자연을 도와주는 것이라고 믿는 사람들이 자신의 주장을 펼칠 기회를 제공하는 결과를 가져온 것이었다. 이 믿음은 후에 반대자들에 의해 '사회진화론social Darwinism'이라는 이름으로 알려

지게 된다. 다윈의 사촌인 프랜시스 갈튼Francis Galton은 우생학
eugenics 운동을 창시하는 데 중요한 역할을 했으며 통제되고
선택적인 번식과 품종 개량을 통해 인류를 인공적으로 개선
하는 데 전념했다.

다윈의 명예를 위해 한마디 덧붙이자면, 다윈은 결코 그
런 과격한 주장을 한 적이 없었다. 다윈 스스로는 다윈주의
자가 아니었다. 그럼에도 그는 피츠로이 선장의 푸에고인들
과의 모험이 결실을 거두지 못한 것과 마찬가지로 교육을 통
한 지속적인 개선을 위한 노력이 결국 실패로 끝날 것이라는
굳은 견해를 갖고 있었다. 『인류의 유래』에서 제시했던, 존재
를 위한 투쟁을 통한 문명의 부상을 보여주는 거대한 드라마
에서 야만인들은 결국 승리하지 못하고 정복당하는 운명을
지닌 역할을 맡았다는 것이다.

『인류의 유래』는 분명 다윈의 많은 독자들에게 과학적
권위에 의해 뒷받침된 편리한 서사를 제공했다. 이 책은 유
럽계 혈통을 가진 사람들이 지구를 물려받을 자격이 있는 이
유를 단번에 설명했으며 대륙을 넘어 식민지를 만들고 그 주
민들을 대량학살하는 행위를 정당화했다. 결국 이 서사는 근

래의 관념들에 대한 역사에서 가장 선동적인 하나의 단어로 압축될 것이었다. 바로 '진화evolution'라는 단어였다.

인류학이라는 학문은 폭발적으로 증가하며 다시 태어났다. 인류학은 19세기 후반 이후부터 대중에게 무엇보다도 중요해졌는데, 이것은 인류학이 인간 진화에 대한 통합적인 설명을 약속했기 때문이다. 인류학자들은 이 진화가 해부학적, 인공적 및 제도적 측면에서 진행되는 것으로 이해했다. 각 측면들은 각각 다른 인류학의 부문에서 연구되어야 했다. 체질인류학자physical anthropologist는 인간해부학의 진화를 연구했는데 무엇보다도 두개골과 뇌의 위치, 지능의 진화에 가장 큰 관심을 두었다. 고고학자archaeologist는 도구와 건물 및 기타 인공물들의 진화를 연구했다. 그리고 사회인류학자social anthropologist 또는 문화인류학자cultural anthropologist는 제도와 관습, 신념의 진화를 연구했다. 이 글에서 종종 인류학의 '세 분야'라고 불리는 구조의 기원은 1871년 건립된 인류학의 가장 유서 깊은 단체인 대영제국과 아일랜드의 왕립 인류학 연구소 Royal Anthropological Institute of Great Britain and Ireland가 제시한 이론이다. 1871년은 『인류의 유래』가 출판되었던 바로 그 결정적인 해이기도 하다.

이 이론은 해부학적 유형과 인공적인 집합체, 그리고 제도적 형태가 결국에는 가장 원시적인 것에서 가장 진보적인 것까지 이어지는, 무엇보다 중요한 유형학적 연쇄적 배열에 통합될 수 있다는 것이다. 같은 시기에 선도적인 인류학 박물관들이 다수 건립되었지만 계속해서 대중에게 이 같은 순서의 배열을 전시하는 용도로 사용되었다. 박물관 안에는 사방으로 흩어진 사람들이나 장소에서 수집한 재료들이 문화적 수준에 따라 한데 모여 있었고 이것은 각 장소 또는 사람들로부터 수집한 재료를 별도의 유형학적 구획으로 나누는 것 역시 의미했다. 관람객들은 갤러리를 따라가다 보면 모든 면에서 진화한 인간에 대한 장대한 진용을 한눈에 볼 수 있었다.

저 세 분야의 접근법에 대한 열렬한 지지자 중 한 명이 스코틀랜드 북동부의 애버딘 대학교 해부학 교수이자 인류학 박물관의 창립 큐레이터인 로버트 리드Robert Reid였다. 리드는 인류학을 '인간에 대한 과학'이라고 생각하고 자신이 찾을 수 있는 모든 사람들을 인류학의 이름으로 강박적으로 측

"

홀로코스트의 여파로 인해 다윈과 헉슬리 이후로
진화학의 기반이 되어왔던 가정, 즉 인간 개체군
의 지적인 능력은 원시에서 문명화까지의 척도에
따라 달라진다는 주장은 더 이상 지지를 받지 못
하는 지경에 이르렀다.

"

정하고 분류했다. 그는 머리 크기와 지능의 상관관계를 연구
하여 그 결과를 왕립 인류학 연구소 저널에 게재했다. 또한
제자들을 훈련시켜 세상으로 내보내 '백인 혹은 코카서스인,
붉은 몽골 인종, 오스트레일리아인, 곱슬머리 혹은 흑인종'의
특성에 대한 데이터를 수집하게 했다.[2]

하지만 인종적 유형에 대한 리드의 각양각색의 설명은
훨씬 영향력 있었던, 같은 애버딘 출신의 학자의 견해와 비
교하면 아무것도 아니었다. 그 역시 해부학자로 시작했지
만 인류학자로 더 많은 활동을 했던 사람이었다. 바로 왕국
의 기사이자 한때 왕립 인류학 연구소의 소장이었고 후에 애
버딘 대학교의 학장까지 지냈던 아서 키이스 경Sir Arthur Keith으
로, 당대에 가장 명성이 높았던 인물 중 하나였다. 키이스는
1931년 '학장 성명'에서 세계의 국가들이 형제애라는 이름
으로 하나가 될 수 있다는 사상을 냉소적으로 경멸했다. 키
이스는 인종에 대한 편견과 외국인 혐오증이 인류의 이익에
일조한다고 주장했다. 자신이 속한 인종에 대한 애정과 다른
인종에 대한 증오가 진화적 진보의 원동력이라는 것이었다.
각 인종들을 분리시키기 위해서는 백인, 황인, 갈색인, 흑인

의 혈액을 혼합하는 것, 즉 다른 색의 인종 간의 교배를 멀리하고 가장 밝은 색깔만 유지되도록 자연에 맡기는 것이 필수적이었다. 키이스는 인종전쟁이 대자연의 가지치기라고 주장했다.[3]

　이같은 인종주의적 사고가 1차 세계대전과 2차 세계대전 사이에 인류학에서 매우 유행했다. 유럽의 문명화된 인종들 사이에서 한 세기 동안 두 번의 전쟁이 벌어졌다. 외국인에 대한 혐오로 불타올랐던 두 번째 전쟁은 결국 그 종결과 함께 혐오를 매장해버리는 결과를 가져왔다. 홀로코스트의 여파로 인해 다윈과 헉슬리 이후로 진화학의 기반이 되어왔던 가정, 즉 인간 개체군의 지적인 능력은 원시에서 문명화까지의 척도에 따라 달라진다는 주장은 더 이상 지지를 받지 못하는 지경에 이르렀다. 그 대신에 과거와 현재, 미래에 살아 있는 모든 인간이 도덕적, 지적 능력에서 동등하다는 원칙에 대한 확고한 윤리적 확신이 생겨났다. '세계인권선언' 제1조에는 "모든 인간"은 "선천적으로 이성과 양심을 갖고 있다"라고 명시되어 있다. 이 합의를 강조하기 위해서 과학자들은 현존하는 인류를 호모 사피엔스 사피엔스Homo sapiens sapiens로

지정된 동일한 종들의 일부로 재분류했을 뿐만 아니라 동일한 하위 종들의 구성원이라 명시했다.

곱절로 슬기롭다는 뜻을 가진 이 명칭에서 지혜를 뜻하는 첫 번째 특성은 뇌의 크기와 복잡성이 증가한 결과로 얻은 것으로, 세상의 모든 살아있는 존재들 중에서 특별히 인간을 뜻하는 표식이 되었다. 하지만 두 번째 속성은 그 이상의 하위분류를 나타내는 것과는 거리가 먼, 인간이 그 세계에서부터 결정적이고 갑작스럽게 출현했음을 표시한다. 인류는 생명의 역사에서 사상 초유의 이 출현과 함께 문명으로 향하는 길 위에 있어야만 한다. 이 이후부터 우리 조상들은 자연과 그 밖을 나누는 울타리의 양쪽에 모두에 위치하게 되었다. 그리고 이런 복합적인 특성을 나타내는 진화인류학evolutionary anthropology이 20세기 후반에 지구에 정착하게 되었다.

그렇다면 세 가지 접근법 중 남아있는 것은 무엇인가? 많은 현대 인류학자들은 아무것도 남아있지 않으며, 몇 개 되지도 않는 대학에서 같은 지붕 아래 인류학의 세 분파가 계속해서 공존하는 것은 불미스러운 과거로부터의 시대착오적인 숙취라고 대답할 것이다. 세 가지가 모두 남아있는 곳 중 하나는 케임브리지 대학이었는데, 그래서 내가 이곳에서 인류학을 공부했던 첫 해에 체질인류학과 고고학, 그리고 사회인류학 과목을 수강했던 것이다. 체질인류학 수업에서 전 세계 남녀의 누드 사진을 보고 인간의 유형을 확인하고 화석 두개골 조각들로 두개골 용적을 측정하는 것을 배웠던 기억이 난다. 고고학에서는 돌로 만든 인공물을 알아보는 법을 배우고 그것들을 선사시대의 연속적인 단계를 보여주는 카테고리에 분류했다.

하지만 사회인류학은 꽤나 달랐다. 우리는 그것이 본질적으로 사회과학이라고 알고 있었다. 그리고 사회인류학의 가장 권위 있는 책은 사회인류학을 현대적 형태의 하위분야의 학문으로 창시했다고 자임하는 앨프리드 레지널드 래드클리프 브라운Alfred Reginald Radcliffe-Brown이 쓴 『원시사회의 구조와 기능Structure and Function in Primitive Society』이라는 얇은 책이었다. 그 책을 통해 우리는 사회인류학이 특별히 원시사회를 다루는 비교사회학의 한 분야라는 것을 배웠다.[4] 나는 기초를 닦은 후에 연구를 계속하기 위해서는 체질인류학과 고고학, 사회인류학 중에 하나를 골라야 했는데 그 중 사회인류학을 선택했다. 다른 두 분야를 공부하는 동안 많은 것을 얻긴 했지만 그 분야들은 이미 정상적인 상태가 아니란 것이 분명했다. 정도의 차이는 있었지만 고고학과 체질인류학은 사회인류학이 명백하게 거부했던 진화론적 접근방식에 여전히 집착하고 있었기 때문이다.

인류학의 역사

/

인류학이 세 분야로 갈라진 시기는 양차 세계대전 사이의 시기로 거슬러 올라가며, 이는 각기 다른 이론을 주장하는 인류학자들이 그들의 증거를 얻는 방법과 많은 관련이 있었다. 체질인류학과 고고학 두 분야는 모두 대부분의 증거가 화석화된 유물 및 시체와 고대 매장지, 그리고 석회질의 퇴적물 등의 형태로 지하에 묻혀 있었다. 하지만 온 세상을 다 파헤칠 수도 없고 추측과 우연, 때로는 순전히 행운에 의존해야 하는 측면이 많았다. 한편 사회인류학은 더 해결하기 힘든 문제에 직면했다. 사실 관습과 제도는 뼈와 돌처럼 보존할 수 있거나 캐낼 수 있는 것이 아니다. 그렇다면 관습과 제도의 발전을 어떻게 입증할 수 있을까?

이 문제에 당면했을 때 유일한 해결책은 모든 사회적 진화가 동일한 단계를 거쳐서 발전했다고 가정하는 것이었다. 이 가정에 따르면, '원시적'이라 여겨지는 사람들의 생활방식은 일반적으로 초기 인간 사회의 상태를 보여주는 창을 제공한다고 할 수 있다. 세상의 가장자리, 즉 아프리카 정글이나 호주 사막 혹은 북극의 툰드라로 여행하는 것 역시 인류의 사회적 진화라는 측면에서 보면 먼 옛날로 시간을 거슬러 올라가는 것과 같았다. 그들의 현재는 우리의 과거를 보여주는 모델이 된다. 사실 이른바 '원시부족' 혹은 오늘날의 더 정중한 표현인 '토착민'으로 알려진 사람들이 살아있는 화석이자 오래전부터 현대세계에 의해 잠식되어 사라질 운명이었던 시대로부터 살아남은 유물이라는 생각은 대중매체에서 그들을 계속해서 왜곡하여 표현하도록 한다.

이런 생각이 대중의 상상력 속에서는 계속해서 존재할지 몰라도 사회인류학에서는 이미 논박된 지 오래였다. 특히 1920년대와 1930년대에 사회문화적 현상에 대해 매우 다른 방식으로 접근했던 인류학자들의 공격을 지속적으로 받았다. 사회인류학자들은 관습과 제도가 어떻게 생겨나고 진화했는지를 보여주기보다 그것들이 어떻게 작동하는지를 보여주어야 한다고 말했다. 즉 관습대로 행동하고 제도를 유지하는 현재의 사람들에게, 관습과 제도가 개개인의 필요를 충족시키기 위해서건 그들이 속한 사회 전체의 연속성을 확보하기 위해서건 간에 그것들이 실제로 어떻게 목적을 달성하는지를 보여주어야 한다는 것이었다. 이런 접근법은 기능주의 functionalism라고 알려지게 되었다.

기능주의자들은 기록이 남아있지 않은 상황을 진화론적으로 재구성하는 것은 순전히 추측일 뿐이라고 여겼기 때문에 이에 시간을 투자하지 않았다. 그들은 관습과 제도가 실제로 어떻게 진화했는지 알 수 없기 때문에 사람들에게 실제로 더 중요한 것에 주의를 기울이는 편이 낫다고 주장했다. 문제가 되는 관습이 어디에서 왔는지가 아니라 그것들의 현재 목적과 유용성이 무엇인지 알아내는 것에 집중해야 한다는 주장이었다. 예를 들어, 도구나 기술은 진행 중인 삶의 방식의 맥락에 따라 사용될 때만 그 의미를 가진다. 사용하는 기술이 필요 없는 도구가 어디 있겠는가? 인공물은 보존할 수 있지만 기술은 그렇지 않다. 미국의 문화인류학자 마셜 샬린스Marshall Sahlins는 유명하지는 않지만 훌륭한 고고학자의 격언을 인용한다. "사람들은 죽고 없다."[5] 오직 유물만 남을 뿐이다. 샬린스는 고대 기술의 계보를 재구성하기 위한 고고학의 사명은 전부 가치가 없다고 간주했다.

기능주의의 등장으로 인해 사회인류학은 계속해서 진화론적 방향으로 발전하고 있던 자매 분야인 체질인류학과 고고학에서 분리되었다. 그러나 사회인류학이 인종과 문화 사이의 관계에 대한 성가신 질문으로 되돌아간 데는 또 다른 이유가 있었다. 그 관계는 수십 년 동안 애매한 부분이었는데, 그 관계 덕분에 삶에서 습득한 특성들이 후손들에게 타고난 자질로 전해져 내려올 수 있었다. 흔히 (그리고 부정확하게) 자연주의자이자 '생물학biology'이라는 용어의 창시자 장 밥티스 라마르크Jean-Baptiste Lamarck가 주장한 것으로 인정받는 '획득형질의 유전(용불용설)inheritance of acquired characteristics'이라는 이 학설은 19세기가 끝날 때까지 끝내 반박되지 않았고 그 함의를 인류학에서 걸러내는 데까지는 수십 년이 더 걸렸다.

이 학설은 쉽게 말하자면 인종과 문화, 생물학적 유전과 전통의 유산이 엄격하게 분리되어야 한다는 내용이었다. 생물학적 조상이 누구이건 간에 남성과 여성 사이에서 태어나는 아이라면 누구라도 어떤 형태의 문화생활이든 쉽게 획득할 수 있다는 사실은 인류학의 정설이 되었다고 단언할 수 있다는 것이었다. 중국인 부모에게서 태어났지만 유아기에 프랑스로 건너와 프랑스인 부모에게 입양된 사람은 중국인의 모습을 하고 있지만 태도와 행동은 완전히 프랑스인일 것이다. 이 이론은 다른 한편으로는 마침내 체질인류학 또는 생물인류학이라 부르는 분야와 사회인류학 또는 문화인류학이라 할 수 있는 분야 사이를 완전히 갈라놓는 것이었다. 하나는 인류의 생물학적 변이를 연구할 수 있고 또 다른 하나는 문화적 변이를 연구할 수 있지만, 이들은 서로 아무런 관계가 없는 분리된 활동이었다.

1917년 미국의 인류학자 앨프리드 크로버Alfred Kroeber는 「초유기체The superorganic」라는 제목의 논문을 발표해 큰 반향을 일으켰다.[6] 이 논문에서 크로버는 20세기의 나머지 시간 동안 실질적으로 온전히 남아있었던 인종과 문화 사이의 합의 조건을 설명했다. 크로버는 문화가 메모지에 쓰인 글보다 유전 형질과 더 무관하다고 주장했다. 문화는 유기체를 초월하여 그 너머에 있는 자신만의 공간에 속해 있다. 그러나 크로버의 초점은 명백히 사회가 아니라 문화에 있었다. 그 당시 인류학은 영국과 북미 지역에서 다소 다른 노선에 따라 발전하고 있었다. 그 차이는 사람들이 사회생활을 영위하는 과정에서 다른 이들과 관계를 맺는 방식 혹은 다른 이들에게 전달하고 후손들에게 물려주는 믿음과 지식의 전통에 대해 우려를 하는지 여부에까지 영향을 미쳤다. 영국에서는 사회인류학social anthropology이 주로 전자와 관련이 있었기 때문에 사회학의 한 분야로 생각되었던 반면, 북아메리카에서는 일명 문화인류학cultural anthropology이 후자와 더 관계가 있으며 일반적으로 당시 민족지학이라 불리던 학문의 분파로 간주되었다.

민족지학의 뿌리는 유럽 대륙 국가에 있었는데, 유럽에서는 20세기에 들어서면서 토착적 '민속folk' 전통에 대한 연구로 활발히 진행되었고 당시 싹을 틔우기 시작했던 민족주의 운동에 많은 영향을 주었다. 오늘날에도 인류학을 오로지 유럽인이 아닌 사람들에 대해서만 연구하는 학문이라고 구별할 필요가 없는 이런 나라에서는 때로 문화인류학이 민족

제국을 갖고 있었던 영국은 식민지 정책을 관리
하고 돕기 위해 토착 사회의 제도에 대한 지침을
마련해야 했고 이 때문에 인류학에 관심을 돌렸
다. 반면 미국에는 원주민 부족들이 있었고 빠르
게 사라지는 그들의 삶의 방식을 기록하기 위해
서 인류학이 필요했던 것이다.

지학의 깃발을 내걸고 다니기도 한다.

하지만 북미의 경우, 유럽인들은 다른 피부색을 가진 사람들이 이미 정착하여 살고 있던 땅에 이민자로서 도착했다. 종종 미국 문화인류학의 아버지라 칭송 받는 프란츠 보아스 Franz Boas 역시 모국인 독일에서 지리학과 물리학을 공부한 뒤 1887년 미국으로 이주했다. 보아스는 처음에는 인간의 인종적 변이가 환경적 조건처럼 선천적이지 않다고 확신했지만 캐나다 쪽 북극의 이누이트족을 민족학적으로 연구했던 경험으로 인해 문화와 세습된 유산이 인종과 유전적 형질을 대체한다고 믿게 되었다.

보아스는 인종적 변이가 몸에 새겨져 있는 것과 마찬가지로 문화적 변이도 마음에 새겨진다고 추론했다. 그는 문화를 유전이라기보다는 유산이라 여겼다. 문화는 적극적으로 길러진다기보다는 수동적으로 흡수되어 사람들의 신념과 행동을 형성하는 전통적인 유산이라는 결론 내린 것이다. 보아스의 많은 저술들은 20세기 초반 북미에서 문화인류학을 확립하는 데 큰 공헌을 했고, 크로버를 포함한 그의 많은 제자들은 새로운 분야에서 선도적인 목소리를 내게 되었다. 독일 출신 이민자의 아들이었던 크로버는 민속 양식의 다양성과 감정의 진정성, 그리고 인간과 자연의 통합에 중점을 둔 독일 학문의 낭만주의적 전통에 매우 정통했다. 실제로 독일 낭만주의의 영향은 미국의 문화인류학이 영국의 사회인류학과 비교했을 때 그토록 다른 성격을 지니게 된 이유 중 하나였다. 영국의 사회인류학은 프랑스와 스코틀랜드 계몽주의 사상과 합리성 및 자연의 초월성을 강조하는 것에 여전히 집착하고 있었다.

이런 분화가 생긴 데에는 역사적, 지정학적 이유가 있었다. 제국을 갖고 있었던 영국은 식민지 정책을 관리하고 돕기 위해 토착 사회의 제도에 대한 지침을 마련해야 했고 이 때문에 인류학에 관심을 돌렸다. 반면 미국에는 원주민 부족들이 있었고 빠르게 사라지는 그들의 삶의 방식을 기록하기 위해서 인류학이 필요했던 것이다. 하지만 내가 사회인류학을 공부할 무렵인 1970년에는 학계의 풍토가 근본적으로 바뀌었다. 제국주의 시대가 막을 내리자 영국의 사회인류학은 식민지 통치를 위한 시녀 역할을 그만두었고, 북미에서는 전 세계 곳곳과 마찬가지로 원주민 부족들이 스스로의 운명을 결정하기 위한 투쟁의 목소리를 내고 있었다. 이 변화된 상황에서 사회인류학과 문화인류학의 구별은 점점 무의미해지는 것 같았다. 그래서 결국 한곳으로의 수렴이 일어났다.

하지만 다른 측면으로 보면 인류학은 그 어느 때보다도 분열되어 있었다. 영국에서는 진화라는 기치 아래 한때 단결되었던 원래의 세 분야가 분리되어 있었다. 체질인류학은 진화생물학에, 선사시대를 연구하던 고고학은 그 본래의 학문이던 고전고고학으로, 사회인류학은 사회학으로 합류하게 된 것이었다. 한편 미국의 인류학은 세 분야가 아니라 네 분야로 나누어져 있었는데 문화, 고고학, 생물인류학, 그리고 언어인류학linguistic anthropology이 그것이었다.

영국의 인류학에서 언어에 대한 연구가 사라진 이유는 분명치 않지만 그 이유에 연연할 필요는 없다. 하지만 미국에서는 언어인류학이 소수 전공으로 여전히 남아있다. 그리고 미국에서 역시 고고학은 고고학 자체의 학문으로 발전했던 반면, 문화인류학자들과 생물인류학자들은 서로 교류가 거의 없다시피 했다. 그렇다면 인류학은 폐허가 된 학문인걸까? 많은 사람은 그렇게 생각했다.

ANTHROPOLOGY

사회를 다시 생각하다

비교연구, 구조주의, 언어학

/

래드클리프 브라운을 기억하는가? 오늘날에는 각주에서
나 등장할 뿐 거의 기억하는 사람이 없지만 여러분은 앞 장
에서 원시사회에 대한 관심을 통해 사회학의 한 분야로서 사
회인류학이라는 학문을 시작했던 사람으로 언급됐던 사실을
기억할 것이다. 요즘은 '원시적'이라는 단어를 꺼려 쓰지 않
으려 하지만 그렇다고 겉과 속이 다르지 않은 것은 아니다.
우리는 우리 사회에 대해 '복잡한', '대규모' 또는 '현대'와 같
은 단어를 사용할 때면 언제나 그 단어의 반대쪽, 즉 단순하
고 소규모의 전통적인 사회를 염두에 두고 말한다. 그리고
이것이 래드클리프 브라운과 그의 동시대 사람들이 그 사회

에 살고 있는 사람들의 특성이나 힘에 대한 어떤 판단보다도 '원시적'이라는 단어로 암시하는 것이었다. 그래서 사회인류학은 그러한 사회들에서 발견할 수 있는 삶의 형태에 대한 비교연구로 여겨졌다.

래드클리프 브라운은 자연주의자의 시각으로 이런 형태들을 조개껍데기에 비유했다. 해변을 뒤지면 온갖 종류의 조개껍데기를 발견할 수 있고 그것들을 비교하고 종과 속으로 분류할 수 있다는 것이다. 하지만 조개껍데기의 형태는 앵무조개와 같은 나선형, 삿갓조개와 같은 방사형, 대합조개처럼 패각이 두 개가 있는 종류들로 나눌 수 있는 것처럼 제한적이었다. 이런 분류가 유기체의 형태처럼 사회의 형태에도 동일하게 적용될까? 각 기관들을 결집시켜 잘 작동하는 사회로 만들기 위한 방법은 제한적인 것일까? 만일 그렇다면 체계적인 비교 분석을 통해 그 방법들을 알아낼 수 있다. 그것들은 무엇보다도 작은 규모의 사회를 비교하는 것보다는 사회학자들이 큰 규모의 사회를 연구하면 더 쉽게 드러난다. 래드클리프 브라운에게는 이것이 사회인류학의 과제였던 것이다.

인간 사회에 대한 비교연구라는 개념은 사회가 무엇인지에 대한 질문을 던지기 전에는 그럴듯하게 들린다. 문제는 유기체가 생물학자들에게 실제로 존재하는 것과는 달리 인류학자들은 사회를 직접 보지 못한다는 것이다. 사회는 보거나 만질 수 있는 실체가 아니다. 우리는 모두 사회에 살고 있다고 생각한다. 사실 우리는 사회 속에서가 아니면 인간으로서의 삶을 살지 못할 것이다. 하지만 사회가 어디서 끝나고 또 다른 사회가 시작되는지, 혹은 언제 새로 탄생하는지 알 수 있을까? 장기가 육체를 살아있도록 유지하는 것과 마찬가지로 제도가 그것이 속한 사회를 유지하기 위한 기능을 한다는 것은 어떤 의미일까? 사회적 삶의 경우 어떤 것도 단 한 순간조차 같은 상태에 머무르지 못하는 것일까?

고대 그리스 철학자 헤라클리토스Heraclitus가 흐르는 강물에 대해 말한 것처럼 당신은 사회적 삶의 흐름에 발을 두 번 들여놓을 수 없다. 그 무엇도 되풀이되지 않는다. 사회를 멈추려고 노력할 때마다 사회적 삶은 손가락 사이로 흘러나가 버린다. 자연에서는 한 종류의 동물이 다른 종류로 변하지 않는다. 말은 계속 말이지 코끼리가 되지는 않는다. 하지만 인류의 역사에서는 이런 경우의 변화가 계속되고 있다. 래드 클리프 브라운이 인정한 것처럼 우리가 다루는 현실은 실체가 아니라 과정이다. 하지만 그렇다고 한다면, 그 형태를 어떻게 비교할 수 있을까? 완전히 별개인 사회적 삶과 사회의 삶 두 가지를 한 번에 붙잡고 있으려는 시도는 원을 네모로 만들려는 것과 같다. 래드클리프 브라운은 결코 그렇게 하지 않았다.

사실 2장에서 만났던 '런어웨이 월드?A Runaway World?'의 에드먼드 리치는 사회의 객관적 형태를 비교하고 식별하려는 래드클리프 브라운의 포부를 경멸해 마지않았다. 리치는 그것이 나비를 수집하는 것보다 조금 나을 뿐이라며 비웃었다.[1] 리치는 인류학자이기 이전에 공학자였기 때문에 그가 사회의 활동을 유기체의 기능보다 메커니즘의 작용에 비유하는 경향이 있다는 것은 놀라운 일이 아닐지도 모른다. 그의 연구는 실제 생활을 관찰하는 것이 아니라 그림으로 그리는 것으로 시작한다. 다이얼 개수가 한정적인 기계를 상상해 보자. 각 다이얼이 개별적인 변수를 제어하고 특정한 설정을 제공한다고 가정했을 때 가능한 모든 설정의 개수를 생각해

"

사회가 어디서 끝나고 또 다른 사회가 시작되는
지, 혹은 언제 새로 탄생하는지 알 수 있을까? 장
기가 육체를 살아있도록 유지하는 것과 마찬가지
로 제도가 그것이 속한 사회를 유지하기 위한 기
능을 한다는 것은 어떤 의미일까?

"

보라. 그렇게 도출되는 조합들은 상상할 수 있는 사회 구조에 해당한다고 할 수 있다.

리치에 따르면, 모든 인간의 삶과 역사는 각기 다른 설정의 조합이나 유한한 변수의 설정으로 도출된 값에 의해 열린 가능성의 무한한 공간을 탐구하는 것으로 이해될 수 있다. 사실 이런 스타일의 인류학적 추론은 리치가 맨 처음 시작한 것이 아니었다. 이론의 여지는 있지만 20세기 후반의 가장 유명한 인류학자로 알려진 클로드 레비스트로스Claude Lévi-Strauss에 의해 구조주의structuralism라는 이름으로 학계에 처음 도입되었다고 할 수 있다. 리치는 프랑스로부터 영국 해안에 도착한 이러한 새로운 사고방식에 대해 영어권 학계의 주목을 끌기 위해 많은 노력을 기울였다. 나는 그 주제에 대한 리치의 강의에 사로잡혔다. 내게 구조주의는 일종의 사회생활의 순수한 수학적 처리로서 흥미를 끌었다.

이보다 조금 앞서 과학혁명에 대해 연구했던 토마스 쿤Thomas Kuhn은 어떤 분야의 어떤 역사적 순간에 대해서도 질문할 수 있는 의문과 그 문제를 풀 수 있는 방법을 제한하는 설립 원리를 나타내기 위해 '패러다임paradigm'이라는 용어를 만들었다.[2] 앞서 나는 인류학이 진화의 패러다임 안에서 어떻게 성숙해졌는지에 대해 설명했다. 인류학의 주요한 질문은 다음과 같다. 인간과 인공물, 제도는 어떻게 진화할까? 우리는 사회인류학에서 기능주의 패러다임이 이 질문을 어떻게 추월했는지 보았다. 제도는 어떻게 작동하는가라는 질문이 있다. 하지만 구조주의 패러다임에서는 질문이 이렇게 다시 바뀐다. 사람들이 말하는 것과 행동하는 것은 어떤 의미일까?

구조주의자들은 사회적 삶을 의미 있는 기호와 상징의 교환을 통해 의사를 주고받는 것으로 규정한다. 그들의 핵심 질문은 기호와 상징이 어떻게 의미를 전달할 수 있는지, 또 그것들이 의미하는 것과 어떤 관련이 있는지를 중심으로 전개되었다. 구조주의자들은 답을 얻기 위해 오랫동안 이러한 질문을 중심으로 연구했던 또 다른 학문인 언어학으로 향했다. 인간의 모든 언어는 의미를 지닐 수 있는 가장 작은 말의 단위인 단어로 구성되어 있으며, 그 단어들은 더 작은 단위로 이루어져 있다는 뚜렷한 특성을 갖고 있다. 이 더 작은 단위는 기술적으로는 음소라고 알려져 있지만 알파벳순으로 작성할 때 일반적으로 문자라고 표현하고, 비록 의미를 갖고 있지는 않지만 말하는 사람이 의미를 가진 단어와 다른 단어를 구분할 수 있도록 해준다. 마찬가지로 단어들이 각각의 의미를 갖게 된 이유는 이런 구별 때문이다. 언어적 의사소통의 이런 속성을 사회적 삶의 다른 영역으로 확장할 수 있을까?

스위스의 언어학자 페르디낭 드 소쉬르Ferdinand de Saussure는 1906년부터 1911년까지 제네바 대학에서 강의를 하면서 각 단어와 그 의미 사이의 본질적인 관계 때문이 아니라 단어 차원에서의 대조 체계가 의미 차원에서는 다른 무언가로 연결되는 방식 때문에[3] 일반적으로 단어는 그것이 의미하지 않는 것을 의미한다고 주장했다. 간단히 예를 들자면, '고양이'라는 단어가 본래부터 고양이의 특성을 갖고 있는 것이 아니었으며 '개'라는 단어에도 개의 특성이 없다. 하지만 '고양이'와 '개', 그리고 동물의 종을 나타내는 모든 단어들 사이의 일련의 언어적 대조를 종들 사이의 분류학적 구별과 일치시킴으로써 고양잇과와 갯과의 특성이 '고양이'와 '개'가 일치되도록 단어와 종류 사이에 일대일의 대응을 설정한 것이다.

많은 사회에서 흔히 볼 수 있는, 특정 집단과 특정 자연물(주로 동물) 사이의 친밀한 유대감을 묘사한 용어인 토테미즘totemism에 관한 유명한 연구에서 레비스트로스도 같은 논리를 적용했다.[4] 여기서 '단어'는 자연의 종에 해당하며 단어들의 의미는 사회의 집단을 뜻한다. 그리고 특정한 종과 어떤 집단 사이의 토테미즘적 관계는 종들 간의 차이를 집단 간의 차이점에 매핑하는 것에서 비롯된다. 이런 식으로 자연은 사회의 구조를 대표하는 구체적인 용어의 집합인 언어를 제공한다. 레비스트로스는 동물들이 토템으로 선택되는 이유는 주로 그 동물이 음식으로는 적당하지 않지만 사고의 대상으로는 적합하기 때문이라고 결론지었다.

레비스트로스는 더 나아가 러시아계 미국인 언어학자 로만 야콥슨Roman Jakobson이 언어의 음소를 분석하기 위해 개발한 방법을 사회적 삶에 적용했다. 그 방법론에 따르면 모든 언어의 음소는 독특한 특성들의 특정한 조합이며 그런 조합은 인간이라면 누구나 갖고 있는 한정된 특징인 언어가 선택한 것이었다. 이는 동일한 종류의 고유한 특징 분석이 단어를 교환하는 데 사용될 수 있을 뿐만 아니라 경제생활에서 선물과 상품의 교환과 친족관계 및 친밀함의 관계를 맺는 사람들과의 교환을 위해서도 기능한다는 개념이었다. 이 논리에 따르면 존재했거나 존재할 수 있는 모든 사회는 무수한 가능성의 조합 중 하나를 나타낼 뿐이지만, 보편적인 인간의 정신을 구축하고 생성할 수 있다는 가능성이 이를 뒷받침하고 있다고 할 수 있다.

사회과학자들이 레비스트로스를 천문학자와 비교했던 데는 그럴 만한 이유가 있다. 사회과학자들은 사회를 마치 하늘에 있는 별을 바라보듯이 멀리서 바라보기만 하는 대상으로 생각해왔다. 그런데 이 별과 사회들이 줄지어 서 있는 공간과 시간의 무한대 속에서 사람들에게 무슨 일이 일어났던 것일까? 그들은 사라진 것처럼 보인다. 그들의 존재를 전혀 인정하지 않는다면 그 별은 그저 액세서리일 뿐이다. 그것들은 구조를 통해 작동하지 않는다. 오히려 구조가 그 별들을 통해 작동한다. 언어학자들이 사람들의 대화에서 그들이 어떤 말을 하는지, 그 이유는 무엇인가에는 관심을 가지지 않고 사용하는 언어의 구조를 밝히는 것에만 집중하는 것과 마찬가지로 구조적 인류학자들은 사람들이 사회적 삶에서 거래를 할 때 완전히 의식하지 못했던 무의식적 구조의 외적 표현만을 조사한다.

일부 인류학자들은 스스로를 천문학자라고 생각했던 반면, 다른 이들은 극단적인 반대편으로 향했고 원자 수준에서 다시 사회적 삶 속에 들어가기로 결심했다. 그들의 출발점은 추구할 만한 가치가 있고 이를 위한 자원이 제한되어 있기 때문에 최고의 전략적 이점을 확보하고자 매번 다른 사람들과 상호작용하는 개개인으로의 인간이었다. 내가 돈을 갖고 있고 당신이 시계를 갖고 있다고 가정해보자. 나는 정말 시계를 원하고 당신은 돈을 절실히 필요로 한다. 그래서 우리는 교환을 한다. 당신의 시계와 나의 돈을 서로 교환하는 것이다. 그리고 이전보다 더 만족스러운 상태가 된다. 이른바 거래주의자transactionalist들에게 모든 사회적 상호작용은 이런 종류이다. 교환할 가치가 물질적인 것이 아니고 사랑이나 우정처럼 눈에 보이지 않는다고 해도 말이다.

이런 신념을 가진 이론가들은 사회적 조직의 형태가 생성되고 이로 인해 다양한 종류의 가치가 거래될 수 있는 무수한 상호작용의 결과로 설명될 수 있다고 주장했다. 나 스스로도 이 접근법에 매료되었고 졸업할 무렵에는 사회인류학의 미래가 그 접근법에 있다고 확신했다. 그 접근법의 주요 옹호자는 노르웨이의 인류학자 프레드릭 바르트Fredrik Barth였다. 그는 후에 이 분야의 거장이 된 인물이었다.[5] 당시의 많은 사람들처럼 나 역시 그를 우러러보았고 대학원생으로 공부를 시작할 무렵, 박사학위를 받기 위해 사미족을 연구하려고 핀란드 북동부의 현장으로 떠나기에 앞서 그가 강의하는 베르겐 대학에서 몇 달을 보내기로 결심했다. 바르트는 카리스마가 넘치는 인물로 그의 영향력 있는 존재감은 그가 쓴 맑고 선명한 글들과 잘 어울렸다. 나는 실망하지 않았다.

구조적 마르크스주의와 그 이후

/

　학계로부터 어느 정도 고립되어 있었던 16개월 동안의 현장조사가 끝나고 나는 혼란에 빠진 인류학과를 찾아 베르겐으로 돌아왔다. 바르트는 미국으로 떠난 후였고 거래주의는 붕괴 직전인 것 같았다. 나는 떠나 있는 동안 마을에 새로운 서커스가 와서 지나가는 길 주위의 모든 것을 흩트려 놓았다는 것을 알게 되었다. 1970년대 초 유럽에서는 정치적, 지적 움직임의 싹이 꿈틀거리고 있었고 인류학은 카를 마르크스의 철학적 연구를 재발견하여 구조주의와 결합시키며 복합적 변형을 형성했고 그 이론에 '구조적 마르크스주의 structural Marxism'라는 거추장스럽고 읽기 어려운 이름을 붙였다.

결합의 가능성이 희박한 공간에서부터 인간의 수고와 역사적 변화의 현실세계에 이르기까지의 학문을 현실로 되돌려 놓겠다는 것이 구조적 마르크스주의의 약속이었다.

결국에는 만들고 규정할 사람이 없는 사회구조란 있을 수 없으며, 마르크스가 항상 주장했듯이 생활을 위한 필수품이 없이는 사람도 있을 수 없다. 인간이 삶을 계속하기 위해서는 생존을 위한 수단을 만들어야 하며 이는 환경과의 실질적인 관련이 있는 어떤 상태를 요구한다. 문제는 어떤 환경도, 심지어 가장 극단적이고 무자비한 환경일지라도 실제로 사람들에게 무엇을 해야 하는지 알려주지 않는다는 것이다. 인간이 아닌 동물에게는 아마 해당되지 않겠지만, 인간의 경우 사회가 존재하기 때문에 생계를 위해 무언가를 생산하려는 의도가 생긴다고 할 수 있다. 그렇다면 인간이 존재할 수 있는 물질적 조건과 이를 충족시키기 위한 상황이 환경의 개입에 따라 좌우되는 사회구조가 지닌 상대적인 자율성과 조화를 이루는 방법은 무엇일까? 구조주의적 마르크스주의는 이에 대한 해결책을 제시했다.

문제 자체는 식상한 것이었다. 과거로 거슬러 올라가보면 주로 미국 인류학에서 인간이 환경에 적응할 때 문화가 어떤 역할을 하는지에 특히 관심을 가지는 '문화생태학cultural ecology'의 분야를 수립하고자 하는 시도가 있었지만 그것 역시 딜레마에 처해 있었다. 우리는 어떻게 한 번에 그리고 동시에 사람들이 환경 속에서 하는 일을 주도하고 그들이 그것에 적응하는 수단을 제공할 수 있을까? 행동을 위한 문화적 이유와 환경적 이유 사이에 끼인 이론가들에게 앞으로 나아갈 방법이 없었고, 그래서 다른 대안을 선택했다. 일부 사람들은 관습적인 신념과 관행이 그들이 속한 사회 시스템뿐만이 아니라 동물, 식물 및 토지와 인간의 관계로 구성된 생태계 전체를 유지하는 데 도움이 된다는 것을 보여주려고 노력했다.

그들은 누구도 장기적인 붕괴로 고통 받지 않았기 때문에 그런 모든 시스템이 자연적으로 균형을 향하는 경향이 있다고 가정했다. 반대로 다른 이들은 그 믿음과 관행이 환경적 조건에 아무 영향을 미치지 않는 상징적인 구조에 기초한 그들만의 논리에 부합한다고 주장했다. 하지만 어떤 선택도 실행 가능해 보이지 않았다. 한편으로는 인간과 환경의 관계에 대한 불안정성의 근거가 어디에나 있다. 사실 그것은 역사의 동력이다. 왜 인간 집단이 애초에 사냥과 채집에서 농사로, 혹은 대규모 재배에서 집중적인 농업으로 전환해야 했을까? 인구와 자원의 불균형에 대한 대응은 아니었을까? 하지만 다른 한편으로는 이런 변화들이 문화가 단순히 자유롭게 자신만의 길을 갈 수 있는 것이 아님을 보여주는 살아있는 증거가 아닐까?

1974년 맨체스터 대학에서 새로이 사회인류학을 가르치게 된 나는 '환경과 기술Environment and Technology'이라는 이름의 강좌를 하면서 이런 질문들을 가슴에 품고 있었다. 당시 뜨거운 논쟁을 가져온 이슈는 '비트포겔의 가설Wittfogel's hypothesis'과 관련이 있었다. 중국연구가 카를 비트포겔Karl Wittfogel은 1957년 출간된 『동양의 전제정치Oriental Despotism』에서 극단적인 억압으로 유명한 고대 인도와 중국의 제국이 관개농업의 요구에 부응하여 생겨났다고 주장했다. 관개시설의 건설과 유지는 막대한 노동력의 투입을 필요로 했는데, 이는 고도로 중앙집권적이고 전체주의적인 정권하에서만 동원되고 조정될 수 있었다는 것이다.

이 주장은 모든 형태의 문화와 사회조직이 기술환경적

techno-environmental 조건에 필요한 반응으로 설명될 수 있다고 주장하는 자칭 '문화유물론자cultural materialists'들의 지지를 받았다. 그러나 이의를 제기하는 사람들은 관개농업 자체가 그 땅에서 인구밀도가 점점 높아졌기 때문에 제국이 권력을 통합하고 확장하려는 수단이라고 지적했다. 따라서 이런 경향들은 사회적이고 정치적이었고 환경을 관리하는 것으로 인구밀도에 대한 기준을 높여서 이전에 전례가 없던 수준으로 힘을 집중시킬 수 있었다는 것이다. 좀 더 최근의 사례는 산업자본주의의 부상과 증기엔진의 발명과의 관계에 대한 연구이다. 엔진은 자본의 요구를 충족시키기 위해 발명되었고 그 반대는 아닐지라도 이전에 볼 수 없었던 규모의 산업생산을 통해 혁명을 허용했다는 것이다.

이 주장은 구조적 마르크스주의의 이해하기 어려운 전문용어를 통해 지배와 편향의 변증법으로 표현되었다. 중요한 것은 토지, 자원 및 기술 등의 생산수단과 권력에 대한 접근을 좌우하는 사회구조와 관계였다. 이를 결정하는 요인은 인간의 개입에 의해 다양한 수준으로 수정된 환경의 역동적인 생태계였다. 우세한 사회적 관계에 의해 주도된 생산력의 증대는 결국 생태계를 파괴하는 지점까지 이끌었고 삼림의 벌채 또는 사막화와 같은 현상이 나타났다. 마르크스주의적 서사를 보면 인간의 역사에는 이런 종류의 위기가 자주 등장하는데 각 위기는 오직 사회적 관계와 생산의 기술환경적 조건 모두에서 대대적인 변화로만 해결할 수 있다. 이제는 진화론적 용어가 아닌 마르크스주의적 용어로 구성된 사회진화social evolution가 다시 의제로 떠올랐고 이는 사회인류학자들과 고고학자들이 수십 년간의 분리 이후 다시 합칠 수 있게 만드는 접근방식이었다.

사회인류학자들과 고고학자들은 모두 다 매우 오랜 기간 동안 농업의 기원에서 산업혁명으로 이어지는 일련의 변화로서 역사를 다시 쓰는 작업에 착수했다. 사실 고고학은 바로 수십 년 전에 있었던 인류학적 사고의 격변으로부터 자유롭지 못했다. 이른바 '과정고고학processual archaeology'(혹은 신고고학新考古学)을 지지하는 일부는 선사시대 유물들을 환경 조건에 대한 인간 행동 적응의 증거로 해석하려고 노력했다. 반면 스스로를 '후기 과정주의자post-processualists'라고 부르는 다른 이들은 물질문화의 대상이 어떻게 더 광범위하고 유의미한 분야의 내부에 설정된 의미를 지니고 실제로 상징적 수단으로 생각되는지를 보여주려고 있다. 여기에서도 사회 진화에 대한 마르크스주의적 접근 방식은 잠재적인 해결책을 제시했지만 지속되지는 않았다.

구조적 마르크스주의의 몰락은 그것의 출현만큼이나 갑작스럽고 놀라운 일이었다. 구조적 마르크스주의는 1989년 베를린 장벽의 해체와 곧 뒤이은 소련 붕괴, 냉전 종식 선언과 함께 무너지기 시작했다. 영감을 받기 위해 마르크스를 찾았던 인류학자들을 비롯해 지식인들은 인류학의 기본으로 돌아가거나 혹은 따라갈 다른 불빛을 발견했다. 한때 인류학을 공부하는 학생이라면 누구나 읽었던 전前자본주의자pre-capitalist(산업자본주의 이전의 자본주의-옮긴이)의 생산방식에 대한 전문학술서는 이제 펼쳐지지도 않고 사랑받지 못한 채로 도서관 선반에 버려져 있다. 실제로 지적 지형의 급격한 재편 과정에서 엄청나게 많은 사람들이 계몽주의 시대부터 오늘날에 이르기까지 인류학의 전체 역사를 망라하고 인문학 분야의 학문들이 관련된 시대의 끝을 그 책에서 보았다. 그들은 우리가 목격한 것은 모더니즘의 종말에 불과하다고 단언

"

구조적 마르크스주의의 몰락은 그것의 출현만큼
이나 갑작스럽고 놀라운 일이었다. 구조적 마르
크스주의는 1989년 베를린 장벽의 해체와 곧 뒤
이은 소련 붕괴, 냉전 종식 선언과 함께 무너지기
시작했다. 영감을 받기 위해 마르크스를 찾았던
인류학자들을 비롯해 지식인들은 인류학의 기본
으로 돌아가거나 혹은 따라갈 다른 불빛을 발견
했다.

"

했다.

결국에는 진화론과 기능주의, 구조주의는 현대적 주제의 변형이었던 것이다. 우리는 이제 새로운 포스트모더니즘의 시대로 가는 문턱을 넘어섰다. 모든 인간의 삶과 역사는 변화의 중심에 서 있는 것처럼 보였다. 인류학의 경우에 이는 사회적 진화의 거대하고 세찬 흐름에서부터 현대의 중추적 지점에까지 시간적 지평선이 좁아지는 것을 의미했다. 동시에 그것은 서구의 분석가들의 권위를 최고로 여기고 당연시했던 전통적 작업방식에 대해 의문을 가지는, 강렬하고 자아성찰적인 시대를 예고했다. 포스트모던의 세계는 식민지 독립 후의 세계였으며 또한 서구의 지적인 우월함과 그 제도에서 교육받는 것을 더 이상 당연하게 여기지 않는 모든 이들의 세계였다.

본질에 더 가까워질수록 내 강의는 난관에 부딪혔다. 나는 문화생태학과 구조적 마르크스주의적 사고의 흐름 모두에서 영향을 받았기 때문에 생태학자들이 '생명의 거미줄'이라고 부르는 생태계 속에서 인격체인 동시에 살아있는 유기체로서의 인간이 어떻게 다른 유기체들과 관계를 맺는지, 그리고 사회적 관계의 네트워크 속에서 다른 사람들과 엮여 있는 사람이 어떻게 사회적 시스템과 생태학적 시스템에 동시에 참여하는지를 제시해야 했다.[6] 그렇다면 문제는 두 시스템 간의 상호작용을 이해하는 것이었다. 즉 의도를 가진 생산적인 활동을 제공하는 데 가장 지배적인 요소와 환경이 지속적으로 수용할 수 있는 생산의 압박에 대한 범위를 설정하는 다른 결정 요인 간의 상호작용을 이해해야 했다. 예를 들어, 남성이 사냥을 하고 여성이 채집하는 사회에서 남자는 가족을 부양하기 위한 고기를 조달하려고 사냥을 할 것이다. 하지만 그의 수확은 포식자와 사냥감 간의 상호작용의 생태학적 역학관계의 대상이기도 하다. 후자는 동물생태학animal ecology 분야에서 파생된 모델을 통해 이해할 수 있지만 전자를 이해하기 위해서는 사회인류학적으로 접근해야 한다. 어느 것도 혼자서만 존재할 수 없기 때문에 둘을 하나로 모아 생각해야 한다는 것이 나의 주장이었다.

나는 이미 인간을 두 가지 요소, 즉 인격체와 유기체로 분리하여 사회와 자연이라는 각각 분리된 영역으로 나누는 것에 점차 어려움을 겪고 있었다. 그리고 1988년의 어느 날, 인격체person와 유기체organism는 인간 안에 함께 존재하는 동료가 아니라 하나이며 같은 존재라는 것을 마침내 깨닫게 되었다. 즉 그 환경에 있는 유기체가 세상에 존재하는 사람과 동일하다는 것을 말이다. 바로 그 중대한 분기점 이후로 내가 그동안 주장해왔던 모든 내용이 완전히 틀린 것처럼 보였다.

내가 어떻게 그 과정까지 도달했는지를 설명하기 위해서는 체질인류학으로 알려진 분야가 발전하기까지의 몇 십년 전으로 거슬러 올라가야 한다. 여기서도 역시 화석 기록에서 밝혀진 바 행동 및 생태와 관련된 인간 해부학의 진화에 대한 오랜 관심사에 뚜렷한 변화가 있었다. 행동생태학자behavioural ecologist들은 수렵채집인과 비인간 영장류에 대한 현장 연구 자료를 비교하여 문화와 사회조직의 진화에 대한 추론을 이끌어냄으로써 고대 인간에게 다시 생명을 부여하려는 시도를 하고 있었다. 화석에서 살아있는 것으로의 전환을 보여주면서, 그 하위 분야는 스스로에게 '체질적physical'이 아닌 '생물학적biological'이라는 이름을 다시 붙였다.

격렬한 논쟁

／

　다수의 인류학자들은 이 시기에도 집단선택이라는 개념
에 매달렸다. 이미 다윈이 『인류의 유래』에서 예상했던 바와
같이 집단선택은 자연선택이 개인적 수준은 물론 집단적 차
원에서도 이루어진다는 개념이었다. 자연선택이 개인에게
작용하는 경우에는 자동적으로 다산의 특성을 가장 선호할
것이다. 그러나 그룹 차원에 작용하는 경우라면 재생산을 제
한하고 지속 가능한 한계 내에서 숫자를 유지하는 메커니즘
에 대한 선택적 편향이 존재할 것이다. 그런 메커니즘을 가
진 그룹들은 주변 환경과 지속적인 균형을 이루는 반면, 그
렇지 못한 그룹들은 결국 인구 증가와 자원의 과부하로 인

한 고갈 때문에 스스로를 제거해버릴 것이다. 앞서 살펴보았 듯이 이러한 주장은 사회인류학자들과 문화인류학자들 사이 에서 많은 추종자들을 만들었다. 그들은 인간과 같은 사회적 동물이 개인의 이기심보다 집단적 복지를 우선시하는 경향 이 있는 이유를 이것으로 설명할 수 있다고 주장했다. 한마 디로 이타주의 현상의 원인을 밝힐 수 있다는 것이다.

행동생태학자들은 이를 통해 마침내 왜 이토록 많은 종 의 동물들이 사회를 이루어 살고 있는지에 대한 비밀을 풀 수 있다고 생각했기 때문에 그들에게 이타주의를 설명하는 것은 성배의 일부처럼 되었다. 그들은 이타주의를 설명할 수 있다면 사회를 설명할 수 있다고 믿었다. 그러나 1970년대 초부터 생물학적 여론의 무게는 집단선택에 반대하여 다른 극단으로 향했다. 많은 이들은 집단이나 개인적인 차원이 아 니라 유전자 수준에서 선택이 실제로 작동한다고 주장했다. 그들은 닭이 달걀을 낳는 것처럼 개별적 유기체는 유전자에 의해 생성되어 자신의 번식을 확보하는 기계일 뿐이라고 주 장했다.

그러나 유전자는 개체군의 개체에 고유한 것은 아니지만

계통적으로 관계가 있는 정도까지는 공유된다. 더 밀접하게 관련되어 있을수록 더 많은 유전자를 공통적으로 가지고 있다. 그렇다면 원칙적으로 유전자는 전달자가 그 유전자가 발현되는 동족들에게 불균형적으로 이익을 주는 방식으로 행동하도록 만듦으로써 스스로를 더 많이 보급할 수 있다. 설령 그 전달자가 비용을 치러야 하는 경우에도 말이다.

진화생물학자 윌리엄 해밀턴William Hamilton이 정립한 규칙에 따르면 수혜자와 후원자 사이의 유전적 관련 계수를 통해 번식된 수혜자에게 증가되는 생식 적합성이 후원자가 치러야 하는 적합성의 비용을 초과하면 친족선택kin-selection은 문제가 되는 행동을 '고치려는' 경향이 있다고 했다. 마침내 이타주의는 유전적으로 설명할 수 있다는 것이 드러난 것이다! 그리고 그로 인해 새로운 학문 분야가 탄생했다. 곤충학자 E. O. 윌슨E. O. Wilson이 엄청난 팡파르를 울리며 소개한 이 학문은 '사회생물학sociobiology'이라는 이름으로 불리게 되었다.[7]

사회인류학자들과 문화인류학자들은 이런 발전에 유감을 표현했다. 하지만 그들의 반대는 사회생물학자들이 열광적으로 공표했던, 모든 사회적 행동이 '생물학적 기초biological basis'라 불리는 것을 결정적으로 보여주었다는 주장에 따라서 이론 자체에 그다지 큰 영향을 미치지는 않았다. 물론 이런 주장은 생물학적 기초가 무엇인지에 대한 질문을 제기한다. '생물학적'이라는 말은 '유전적'이란 의미일까? 그리고 행동이 사회적이라는 것은 무슨 뜻일까? 개미집에 있는 개미나 벌집에 있는 꿀벌, 무리 속의 코끼리 혹은 공동체 안의 인간이건 간에 같은 종의 개체들 사이에서 벌어지는 개체 간의 협력을 의미하는 것일까? 그것이 윌슨의 견해였다.

하지만 사회인류학자인 메이어 포츠Meyer Fortes는 이에 반대하여 언어에 의존하는 것은 인간만이 가진 고유한 특징이며, 그리고 사람들을 가정에서의 부모와 자녀, 학교의 교사와 학생, 수술실의 의사와 환자 사이처럼 서로 마주보는 위치에 있는 자로 정의하는[8] 제정된 질서 없이 사회 또는 사회적 관계가 존재할 수 없다고 주장했다. 포츠는 사회라는 개념을 동물의 왕국으로 확장하는 것은 의인화된 은유에 빠지는 것이라 주장했다. 사회생물학자들은 단지 사회 자체가 자연에 토대를 두고 있다고 주장하기 위해서 인간의 협동적 형태를 자연으로 해석하는 오래된 속임수를 쓰고 있다는 것이었다.

첫 번째는 '사회적' 곤충의 행동을 묘사하기 위해 인간 공동체에서의 경험을 이용하기 위해서였고, 다른 하나는 그 은유를 뒤집고 인류의 모델로 곤충의 삶을 받아들이기 위함이었다.

격렬한 논쟁이 계속되었고 논쟁의 많은 부분이 인류학의 주요 주제인 친족관계kinship에 중점을 두었다. 한쪽 편은 친족관계는 유전적 연관성에 의해 정의된다고 주장했다. 다른 편은 그 주장에 반대하며 친족관계는 사회적 범주의 체계이며 같은 범주에 속한 개인 간의 유전적 연관성이 있을 가능성은 이와 무관하다고 반론했다. 전자들은 서로에 대한 친족의 행동들은 선천적인 성향에 의해 지배된다고 주장했다. 후자들은 이에 반해 선천적인 성향이 아니라 도덕적 의무가 행동을 지배한다고 주장하며 유전적 친족이 누구인지를 확신할 수 있는 사람이 누가 있냐고 덧붙였다. 그래서 이에 전자들은 모든 사람이 항상 새로운 아기를 둘러싸고 다양한 친척들과 닮은 점을 확인하는 것이 이 때문이라고 반박한다. 사람들은 그들의 유전자를 가지고 있지 않은 개체에게 속아서 투자하는 사태를 막기 위해 유전적 연관성을 확실히 보여주는 흔적을 찾도록 프로그램되어 있다는 것이었다. 후자들은 다시 말도 안 된다며 울부짖는다. 닮은 것에 대한 해설은 그저 새로운 등장인물을 위해 이름과 사회적 질서에의 위치를 만들어 가는 과정의 일부이며, 그 때문에 계속되고 있다는 것이다.

마침내 휴전협정이 맺어졌다. 어느 쪽도 완전히 자신의 방식을 고수할 수 없었기에 그들은 대신 타협안을 받아들였다. 그렇다. 인간은 선천적으로 유전적 연관성이 있는 사람들을 우대하고 차별하는 행동을 하는 경향이 있다. 또 그들의 행동에는 의미가 있으며 그런 행동이 가리키는 사람은 관계의 가장 중요한 순서에 따라 분류된다. 각각의 설명은 우리에게 친족관계에 대한 부분적인 서술을 제시한다. 하지만 전체적인 그림을 보려면 두 의견을 하나로 모아야 한다.

나는 이 타협을 상호보완성complementarity이라는 명제로 부른다. 사회적 존재인 인격체와 생물학적 개체인 유기체는 각각 인간의 보완적인 부분인 것처럼 함께 모여서 전체를 만든다. 1988년의 운명적인 날에 내가 깨달은 것은 한 발은 자연에, 다른 발은 사회에 딛고 있는 인간에 대한 이 양립하는 개념은 이제 사라져야 한다는 것이었다. 유전적 연관성과 사회

사회적 관계는 행동에 따라 이루어진다. 대(大) 피터르 브뤼헐(Pieter Bruegel the Elder)의 〈사육제와 사순절의 싸움(The Battle between Carnival and Lent)〉(1559)의 일부. (빈 미술사 박물관)

적 분류 사이에는 삶이 존재할 공간이 없기 때문이었다. 그 사이에는 균열만이 있을 뿐이다. 살아가면서 맺는 관계들은 사전에 주어지는 것이 아니라 지속적으로 수행해야 하는 것이다. 친족관계는 교육받고 영양을 공급받으며 양육된 사람들에 대한 헤아릴 수 없는 관심과 보살핌의 행동에 의해 만들어진다. 하지만 친족관계의 매트릭스 속에서 자라난 사람은 인간과 인간이 아닌 다른 개체들을 포함한 환경에서 자라는 유기체이기도 하다.

양육과 성장은 존재의 연속적 생성이라는 개체발생의 동일한 과정, 혹은 한마디로 표현하자면 인생을 각각 사회적 및 생물학적으로 설명하는 두 가지 방법이다. 이 과정에서 언제라도 다른 사람에 대해 가질 수 있는 모든 생각이 발생할 것이다. 자식에 대한 부모의 사랑은 가정에서 함께 생활하면서 생기는 오랜 친밀함에서 비롯된 것이지 유전적인 연관성이 존재할 가능성 때문이 아니다. 하지만 그렇다고 '생물학적'이지 않은 것도 아니다. 다시 말해, 인간은 생물사회학적 존재biosocial beings이다. 인간이 유전자와 사회의 산물이기 때문이 아니라 살아 숨쉬는 생물로서 끊임없이 자기 자신과 다른 이들을 만들어나가기 때문이다. 인격체와 유기체는 둘이 아니라 하나다.

인간이 사회생활을 영위하면서 몸과 마음으로 서로 영향을 주고받는다는 생각은 이제 너무 당연해서 거의 아무도 꺼내지 않는다. 하지만 이런 관념은 앞선 수십 년간의 지배적인 구조적 사고에서부터 사회의 파생물로서만이 아니라 바로 그 사회생활의 구조로서의 관계에 초점을 맞춘 사고방식에 이르기까지 지난 30년 동안 사회인류학에서 가장 심오한 변화들 중 하나 덕분에 가능할 수 있었다. 이제 우리는 현실 자체가 모든 면에서 관계가 있다고 주장한다. 하지만 그것이 어떤 의미인지를 더 정확하게 정의할 수 없다면 그 주장을 더 펼치지 못할 것이다.

그렇다면 대체 사회적 관계란 무엇일까? 이 질문에는 세 가지의 대답이 가능한데 그 중 가장 마지막 대답만이 진정한 관계적 존재론의 싹을 포함하고 있었다. 첫 번째 대답은 모든 관계는 시간이 지남에 따라 쇠약해지는 일련의 상호작용이라는 것이다. 두 당사자는 상호작용하는 과정에서 만나고 거래를 하지만 그럼에도 둘은 자연에 의해 여전히 닫힌 상태로 남아있다. 이 대답은 사회란 같은 종의 개체들의 집합체라는 사회생물학적 개념을 말하고 있기 때문에 이전에 소개되었던 거래주의자적 접근방식의 기초가 된다. 두 번째 대답은 사회인류학자들이 사회생물학적 도전에 맞서기 위해 고안했던 것으로 그 관계를 상당히 다르게 이해한다. 사회적 관계는 부모와 자식, 선생님과 제자, 의사와 환자 사이처럼 개인 사이에 존재하지 않고 확립된 제도적 틀 안에서 개인들이 차지할 수 있는 위치 사이에 존재한다는 것이다. 그들은 사회생물학적 논쟁의 각 측면들이 관계에 따라 무언가 다른 것을 의미했기 때문에 이에 대한 논의를 그만두게 되었다.

  세 번째 대답은 관계란 살아있는 존재들이 함께 어울려 사는 방법이며 관계를 맺음으로써 서로의 존재를 만들어간다는 것이었다. 여기서 핵심은 사람들이 살아가는 과정에서 관계가 그들이 만나고 합류하는 존재들을 지속적으로 만들어낸다는 것이다. 인류학 용어로는 관계 속의 존재들은 '상호적으로 구성된다'라고 할 수 있다. 더 간단히 말하자면, 당신과 다른 사람들과의 관계는 당신의 내면에 들어가 당신을 당신이라는 존재로 만든다. 그리고 그 관계는 다른 이들의 내면으로도 들어간다. 즉 당신이 다른 사람들과 함께하는 동시에 스스로를 그들과 차별하기 때문에 이 결합과 차별화는 내부에서부터 진행된다. 존재들은 내적인 행동만큼 서로 영향을 주고받지는 않는다. 존재는 행동 안에 있다.

사람이 된다는 것 혹은 사회적으로 영향을 미친다는 것이 무엇을 의미하는지에 대한 관계적 사고가 갖고 있는 함의는 현재에도 여전히 논쟁의 핵심 주제이다. 이 중 상당수는 남성적 지배체제와 여성의 복종이라는 성별에 따른 전통적 양극화에 도전장을 내밀었던 페미니스트 학문의 발전에서 영감을 받았다. 그러나 이러한 사고는 사회인류학자들을 다윈주의적 진화론의 관습에 충실한, 학계의 주류였던 생물인류학자들과의 새로운 긴장을 야기했다. 문제는 그 이론이 유효하게 작용하기 위해서는 모든 존재가 별개의 개체, 즉 세상에서의 삶 이전에 부여된 유전적 형질에 의해 구체화된, 그리고 자신의 유전적 구성에 영향을 끼치지 않는 외부의 접촉라인에 따라 다른 사람들과 관계를 맺는 개체들의 군집 중 하나가 되어야 하는 것이다. 생물학자들은 이것을 '집단사고population thinking'라고 부른다. 그리고 이는 관계적 사고relational

"

세 번째 대답은 관계란 살아있는 존재들이 함께
어울려 사는 방법이며 관계를 맺음으로써 서로의
존재를 만들어간다는 것이었다. 여기서 핵심은
사람들이 살아가는 과정에서 관계가 그들이 만나
고 합류하는 존재들을 지속적으로 만들어낸다는
것이다.

"

thinking와 모든 면에서 반대된다.

그러므로 이제 우리는 사회적이자 생물학적 존재가 가진 두 측면의 상호보완성 대신에 존재 자체를 이해하는 두 가지 방식의 불화에 직면하게 되었다. 관계적 존재론과 집단주의적 존재론, 즉 두 개의 존재론이다. 이러한 존재론들의 순수한 상반된 특성은 사회인류학과 생물인류학 간의 협상이 현재의 교착상태에 이르게 된 것에 상당한 책임이 있다. 이런 교착상태를 깨뜨리려면 반드시 근본적으로 대안적인 생물학을 필요로 할 것이다. 사회인류학의 연구 대상이 인간인 것과 마찬가지로 본질적으로 다른 유기체들과의 관계를 통해 구성되는 살아있는 유기체를 연구 대상으로 하는 생물학 말이다. 이런 종류의 생물학은 진화를 하강하는 선을 따라 변화하는 것으로 여기는 것이 아니라 생성되고 지속되는 인간과 비인간을 형성하는 전체적인 관계의 매트릭스의 전개로 생각하도록 요구할 것이다. 그리고 이런 형태들을 유전적으로나 문화적으로 미리 구성된 것이 아니라 개체가 발생하고 발달하는 과정에서 나타나는 결과라고 생각해야 할 것이다.

이런 재고는 오늘날 우리 시대의 인간학의 관점에서 볼

때 혁명과 다름없으며 지난 수세기 동안 다윈주의적 패러다임이 이루어낸 업적 못지않게 위대하다. 정체되어 있는 것처럼 보이지만 연구는 지금도 계속되고 있다. 분자생물학, 후생유전학, 면역학과 신경생리학 같은 다양한 분야에서 생물학은 다윈주의적 논리가 더 이상 적용되지 않는 포스트 게놈의 세계로 패러다임이 전환되는 진통을 겪고 있다. 이런 움직임은 새로운 통합으로 수렴하고 있으며 동시에 과정주의적이고 발달주의적이며 관계적이다. 또한 이 움직임은 현대 인류학의 문을 활짝 열어놓았다. 인류학의 미래를 위해서는 그 문으로 들어가는 것이 매우 중요하다.

ANTHROPOLOGY

미래를 위한 인류학

인류학자의 일

/

이제 인류학이 그 어느 때보다 중요해졌음을 확신하게 되었기를 바란다. 그 어떤 학문도 삶의 모든 영역에서 다음 세대가 살아가기에 적합한 세상을 어떻게 만들어야 하는가라는 질문에 대한 인간 경험의 무게를 견디기 위해 이토록 중요한 위치를 차지하지는 않는다. 하지만 인류학자들은 대부분 이런 질문에 대한 공개적인 토론에 거의 참석하지 않는다. 다양한 분야의 전문가들은 이 세상에서 우리가 어떤 상태에 처해 있는지에 대해 평가하고 미래를 예측하면서 저마다의 이론을 전개한다. 그런데 인류학자들은 어디에 있는가? 어쩌면 자신의 것이라 부를 수 있는 특별한 전문적 기술이 없거나 전달할 만한 일관된 지식의 내용이 없어서 동참하지 않았을 수도 있다. 대중은 당연히 자신들의 질문에 대한 답을 제공해주는 학문으로 향하기 마련이다. 어쩌면 인류학자들은 자신들의 생각을 암묵적으로 드러내는 한편, 그 문제를 제기한 질문자들을 연구하며, 이런 가정을 하지 않고 질문을 달리 제기하는 다른 이들을 관찰하는 것으로 반응할 것이다.

쉬운 대답이란 없다. 인류학자들은 당신의 질문에 대답하지 않는 것은 물론 이미 알고 있다고 생각했던 지식의 토대마저 흔들어버린다. 인류학을 공부하는 학생들은 처음 시작했을 때보다 끝날 때 현명해지긴 하겠지만 지식은 오히려 더 줄어들지 모른다. 이는 불쾌할 수도 있다. 그리고 다른 사람을 진지하게 받아들이겠다는 약속은 수많은 과학 저술가들이 따르고 있는 전략을 추구하는 인류학자들을 부도덕적으로 만든다. 독자들을 만족시키기 위해 그들이 기존에 갖고 있던 욕망을 건드리며 데이터와 아이디어를 풍부하게 만드는 전략 말이다.

그런 욕망은 독자층에게만 국한된 것이 아니다. 어느 정도는 과학 자체에 의해 공유된다. 최근의 한 교류에서 진화생물학자(그리고 명목상 인류학자인) 데이비드 슬론 윌슨David Sloan Wilson은 "전 세계와 역사 전체에 걸친 인간 문화에 대한 정보의 거대한 보고를 작성한" 이들과 인류학자들이 함께한 연구를 칭찬했다.[1] 사람들은 스스로의 문화에 의해 만들어진 생물이며 모든 문화는 전문가의 정밀한 조사를 위한 정보의 자료로 정리될 수 있다는 것은 의심의 여지가 없다는 것이었다. 윌슨은 물론 그와 같은 시각을 가진 많은 사람들의 관점에서 인류학이라는 학문의 목적은 과학에 속한 서사를 채우기 위한 자료를 수확하는 것 이상도 이하도 아니었다. 그들에게는 변이와 선택을 통한 진화는 의심의 여지가 없는 이야기였다. 당신은 그저 그 이야기를 믿기만 하면 되는 것이다. 다른 사람들의 믿음은 진화론적 설명의 돈벌잇감이 될 수도 있지만 진화에 대한 믿음은 신성불가침이다.

　엄밀히 말해서 이는 과학이 아니라 과학주의다. 과학은 서로 다른 형태를 지닌 놀라울 정도로 다양한 지식의 화려한 패치워크이다. 과학주의는 과학 지식이 하나의 형태를 취하고 있으며, 이 형태는 진실에 대한 타의 추종을 불허하는 보편적인 주장을 가진다는 주장에 기초한 교리 또는 신념 체계

“

쉬운 대답이란 없다. 인류학자들은 당신의 질문
에 대답하지 않는 것은 물론 이미 알고 있다고 생
각했던 지식의 토대마저 흔들어버린다. 인류학을
공부하는 학생들은 처음 시작했을 때보다 끝날
때 현명해지긴 하겠지만 지식은 오히려 더 줄어
들지 모른다.

”

이다. 인류학은 과학과는 아무런 문제가 없지만 과학주의에는 반대할 만한 이유가 있다. 그러나 이를 위해서는 인류학자들이 자신의 목소리를 내야 한다. 인류학자들은 그들이 만든 세 가지의 장애물로 인해 목소리를 내지 못하고 있다.

첫 번째 장애물은 인류학이 스스로를 문화와 '관계있는' 학문으로 표현하는 것에 있다. 물론 모든 인류학자들이 이런 방법으로 자신의 학문을 나타내지는 않지만 많은 이들이 그렇게 한다. 이는 자포자기의 전략이다. 모든 학문 분야가 자신의 영역을 규정하려는 것은 이해할 수 있는 일이다. 지리학자는 공간을, 심리학자는 정신을, 생물학자는 생명을, 사회학자는 사회를. 그런데 왜 인류학자는 자신의 영역을 문화라고 주장하면 안 되는 것일까? 문제는 우리가 사는 자본주의 체제에서는 경제가 최고로 군림하고 있다는 것이다. 인간의 번영은 시장의 기능에 달려 있고 다음으로 중요한 것이 사회와 국가라는 토대이다. 문화는 그저 케이크의 장식과 같을 뿐이다.

관광, 오락, 스포츠와 더불어 그 체제의 문화는 사람들의 노력을 소비와 만족을 위한 상품으로 바꾸어버린다. 문화는 풍요로운 사치이며 따라서 긴축이 시작되면 가장 먼저 사라진다. 인류학자들은 스스로를 문화를 연구하는 사람으로 표현하는 경우가 많기 때문에 어려운 시기에는 특히나 주류에서 소외당하는 것이 현실이다. 오늘날 이런 사실을 인식하는 인류학자들이 점점 많아지면서 걱정스러운 마음에 '문화'라는 단어를 삭제하거나 피하기 위해 최선을 다하고 있다. 사실 현재의 아이러니 중 하나는 오랫동안 인간의 변이에 대해 눈을 감고 귀를 막았던 다른 학문들이 마침내 문화라는 개념을 받아들이기 시작했는데 인류학자들은 문화라는 개념을 인류학에서 분리하려고 노력한다는 점이다. 그런데 만일 인류학이 문화를 자신의 영역에서 버린다면 무엇이 인류학의 영역이 될 수 있을까? 이 질문은 학계에서 '학문의 분야'가 무엇을 의미하는지에 대한 문제를 제기할 것이며, 나도 곧 이 문제를 다룰 것이다.

두 번째 장애물로는 상대주의와의 사이에 발생한 문제를 들 수 있다. 2015년 유럽사회인류학자협회EASA의 집행위원회가 작성한 '왜 인류학이 중요한가'라는 제목의 성명서는 문화적 상대주의cultural relativism를 인류학적 역량의 핵심적인 구성요소로 규정하고 있다.[2] 이는 같은 문화권의 사람들이 자신만의 관점에서 스스로의 행동을 판단하고 이런 판단은 그들만의 내부 논리 또는 합리성을 지니고 있으며 어떤 절대적인 문화도 없는, 탈문화적 가치의 척도에서는 어느 것도 더 좋거나 나쁘다고 할 수 없다는 관점이다. 인류학에서 이를 보다 직설적으로 표현하는 또 다른 방법은 인간의 행동은 어떤 것이든, 아무리 기괴하고 혐오스러운 것이라 해도 그것이 '문화의 일부'라는 이유로 언제나 용서받을 수 있다는 것이다. 일례로 인류학자들은 보편적 인권이라는 관념에 대해 애매한 태도를 보여 악명을 떨쳐왔다. 인류학자들은 개인의 권리와 존엄성, 그리고 인류란 어떤 의미인지에 대한 개념에 입각하고 있다고 언급했는데 이는 사실 서양세계에서는 특정한 역사를 갖고 있지만 그들의 주된 연구대상이 되는 사람들에게는 거의 아무 의미도 없기 때문이었다.

인류학의 비판자들은 이렇게 말한다. 어떻게 스스로의 도덕적 나침반을 가지고 있지 않다고 공언하는 학문의 견해를 진지하게 받아들일 수 있을까? 사실 강경한 상대주의에 대해서는 변명이 불가능할 것이다. 모든 사람들이 그들의 문화적 세계에 갇혀 있다면 대화가 불가능할 것이고 인류학자들은 일자리를 잃을 것이기 때문이다. 이에 대한 대안은 우리 스스로가 창조한 것들이 보편적이라고 거듭 주장하는 것이 아니라 관대한 동시에 비판적인 마음가짐으로 대화에 다시 참여하는 것이다.

EASA의 문서에서 규정한 인류학적 역량의 또 다른 구성요소는 '민족지학'이다. 위원회에는 민족지학이 참여적 관찰을 의미한다. 위원회는 그 둘이 동일하다고 보고 있다. 이미 1장에서 그 혼란에 대해 언급했는데, 나는 이것이 인류학의 목소리가 제대로 들리지 못하게 막는 세 번째 장애물이라 믿는다. 민족지학의 경우 자신의 목적을 위해 편의상 참여적 관찰을 변형시킨다. 다른 사람들의 삶을 이야기로 변화시켜 글이나 영화 또는 기타 그래픽 미디어를 통해 표현하는 것이다. 좋은 민족지학은 서술하는 대상에 대해 섬세하고 문맥적으로 미묘하며 풍부하고 상세하고 충실하게 표현한다. 이는 칭찬할 만한 특성이다. 그러나 그 대상들은 민족지학자들에게 강요한다. 민족지학자는 숨어 있거나 그렇지 않으면 적어도 날개 속에 머물러 있어야 하며 대상들과 그들이 내는 목소리가 무대의 중앙을 가득 채워야 한다고 말이다. 비록 그들이 민족지학자들에게 자신을 칭송하는 글을 빚지고 있다고 하더라도 그것은 민족지학자들이 아닌 그들의 쇼이다.

만일 그것이 인류학에 관한 모든 것이라면, 다른 많은 사람들이 생각하는 것처럼 만일 인류학이 민족지학으로 수축되었다면, 이 분야 밖의 사람들은 인류학자들이 스스로에 대해 할 말이 없으며 대중들이 그들에게 기대하는 '다른 문화들'에 대한 데이터를 제공하는 것이 인류학자들의 역할이라고 결론내린 것에 대해 용서받을 수 있을 것이다. 사람들은 인류학을 심오하고 장기적인 몰입을 통해서만 얻을 수 있는 자료를 통해 구별되는 고급 저널리즘으로 간주할 수도 있다. 실제로 민족지학자들은 보고자나 리포터로서 전 세계 여러 곳에 상주하고 있으며 그 자체로 인류학을 실행하는 것처럼 현장에서 관찰과 분석을 내보내고 있다.

하지만 내가 볼 때 인류학의 목적은 이와는 완전히 다르다. 인류학의 목적은 우리가 다른 사람들로부터 배우는 것을 바탕으로 삶의 조건과 가능성이 무엇인지 추측하는 것이다. 나는 인류학자로서, 연구자들의 견해에 개의치 않고 우리가 생각하고 추측하는 것을 말할 수 있는 자유를 소중하게 여겨야 한다고 믿는다. 물론 그들의 연구가 없었다면 우리가 무슨 일을 하는지 말하지도 못했을 것이다. 하지만 우리가 할 일은 우리 선생님들을 대신해서 말하는 것이 아니다. 우리가 말하는 것은 우리의 마음과 생각이지, 그들의 것이 아니다.

그리고 다르게 꾸며대는 것은 부정직한 일이다. 우리가 의제로 올린 풍부한 인간의 경험 덕분에 인류학자들은 할 말이 생겼다. 우리는 그 말을 하기 위해 그곳에 있어야 한다. 그렇지 않으면 더 편협하거나 우월적인 성향의 사람들이 빠르게 그 빈자리를 메울 것이다. 어떤 분야의 실무자들이 말할 수 있는 특권을 포기하겠는가? 그들이 자신만의 목소리로 말할 수 있다면 우리 역시 그럴 수 있다. 더욱이 일단 인류학의 목적이 민족지학의 목표와 분리되면 다른 모든 방법들, 예를 들어 예술, 디자인, 연극, 무용, 음악, 건축은 말할 것도 없고 박물관 연구와 비교역사 등의 연구를 통해 인류학으로 대화에 참여하는 다양한 방법이 생길 것이다. 이런 분야의 실무자들과의 협력을 성공시키기 위해서는 우리가 민족지학을 연구하는 것이 아니라는 인식이 무엇보다도 중요하다.

위에 제시한 장애물들을 무시한다 하더라도 인류학은 여전히 공개적인 소개서를 나쁘게 만드는 오해를 바로잡기 위해 넘어야 할 산이 있다. 인류학에는 유명한 고정관념이 많이 있다. 그 중 하나는 인간의 기원에 대한 이야기에 혁명을 가져올 유적을 발굴하기로 결심했던 용감한 화석 사냥꾼의 이야기이다. 그는 심지어 동료들을 속이기 위해 위조품을 묻어놓기까지 했다. 1912년 서섹스의 자갈 구덩이에서 '발견된' 필트다운인Piltdown Man이 거짓으로 밝혀지기까지 40년이나 걸렸다.

위조자의 신원은 아직 밝혀지지 않았지만, 우리는 이미 3장에서 유력한 용의자를 만났다. 용의자는 1938년 필트다운인과 그를 '발견한' 찰스 도슨에 대한 기념비를 공개한 아서 키스 경밖에 없다. 에오안트로푸스 도소니Eoanthropus dawsoni라고 명명된 생물체는 놀랄 정도로 많은 털에 뒤덮여 있었다. 한 손에는 창을 들고 한 손에는 돌도끼를 들고 있는 이 생물체의 모습을 그린 그림은 오랫동안 인기 있는 소재로 잡지들의 페이지를 장식했다. 유인원과 인간 사이의 연결고리가 잉글랜드의 중심부에 있었다니 이 얼마나 편리한 일인가! 과거의 위대한 어느 순간에 우리의 훌륭한 조상들이 자연과의 유대를 깨고 문명으로의 출현을 시작했다는 것이다.

이처럼 현대의 기원에 대한 신화에서 나타난 최조의 인간을 찾는 것은 여전히 매혹적인 주제로 남아있다. 인류가 아프리카에서 뻗어 나왔다는 가설이 최근 인기를 얻고 있는데, 뛰어난 존재들이 전 세계를 식민지화하기 위해 아프리카라는 요람에서 나와 흩어졌다는 내용이다. 이는 다윈과 그의 동시대인들이 선호하는 백인 유럽인들의 식민지 정복 이야기와 현저하게 흡사한 가설이다. 이 이야기는 거꾸로 뒤집혀 있을지 모르지만 구조는 동일하다. 즉 우수한 지능을 가진 종족이 다른 종족을 밀어낸다는 것이다.

다른 극단으로 문명과의 접촉으로 오염되지 않은 문화를 발견하기 위해 헛수고에 착수한 인류학자들의 전형적인 모습이 있다. 이것은 1984년에 나온 게리 라슨Gary Larson의 만화 <파 사이드The Far Side>에서 멋지게 패러디되었다. 세 명의 토착민 신사가 집에 있다. 그 중 한 명이 방문객들이 다가오는 것을 알아채고 경고를 외친다. "인류학자들이야! 인류학자들이라고!" 다른 두 명은 텔레비전과 비디오 레코더, 전화기와

조명 등의 장비를 숨기기 위해 분주하게 움직인다. 만화 속의 인류학자들은 다른 진정한 것들을 찾고 있지만 사람들은 이미 문명의 혜택을 즐겁게 즐기고 있기 때문에 그들의 탐구는 쇠락할 운명에 처해 있다. 많은 영화와 소설에서와 마찬가지로, 인류학자들은 원주민들에게 사기 당하고 속는 희화화된 인물로 풍자되고 있다.

1956년에 미국인 인류학자 호레이스 마이너Horace Miner는 일종의 패러디를 선보이며 자신만의 방식으로 형세를 변화시키려고 시도했다. 그는 「나시레마에서의 신체 의례Body ritual among the Nacirema」라는 제목의 논문에서 아직 알려지지 않은 문화적으로 뒤쳐진 북아메리카의 한 부족을 묘사했다. 그들의 의식에는 마법의 가루를 칠한 돼지 털뭉치를 매일 입에 넣고 성스러운 입을 가진 남자를 매년 방문하는 것도 포함되어 있었다.[3] 나시레마 부족에게는 또한 '라티프소'라고 알려진 치유의 사원이 있었는데 그곳에서는 병약한 원주민들에게 끔찍한 의식을 거행했으며 그 중 많은 이들이 결국 살아 돌아오지 못했다. 마이너는 그런 마법에 지배된 사람들이 그토록 오랫동안 존재하고 있다는 사실을 이해하기 어렵다고 결론지었다. 정통 신화에서 그런 원시문화는 언제나 사라지기 일보직전이다. 반복적으로 소개되는 그들의 전통 방식은 진보라는 선형의 행진에 의해 추월되기 마련이기 때문이다.

인류학자를 악당이나 바보로 여기는 이러한 고정관념, 그리고 그들이 기초로 하는 기원과 정통에 대한 신화는 제거하기가 어렵다. 언론에서는 전통의상을 입거나 아무 의상도 걸치지 않은 부족 사람들에 대한 묘사와 두개골 화석이 시청자의 관심을 끌기 위해 경쟁하며 그들이 현대의 이국적인 것과 과거 조상의 모습을 비교하도록 유혹한다.

한편 인류학에 대한 지식이 없거나 배움 없이 인류학을 대중화하려는 이들은 외딴곳에 사는 사람들과 함께 사는 경험을 통해 스스로를 인류학자라고 소개하며 인간의 조건에 대한 광범위한 허구를 퍼뜨리려고 한다. 마치 그것이 과학적 연구의 결실인 것처럼 말이다. 하지만 그들의 책들은 베스트셀러가 된다. 진짜 인류학자들이 이에 반대 입장을 표명하기라도 하면 언론은 기꺼이 그들의 불만을 신 포도 기제나 학문적 내부 다툼으로 보여주며 행복해할 뿐이다. 인류학자들이 연구대상과 함께하며 그들을 위해 노력하는 만큼이나 세상이 자신들에게 불리하게 돌아간다고 느끼는 것도 어쩌면 당연하다.

우리의 입맛에 맞도록 유리한 상황을 만들기 위해, 나는 우리가 세 가지를 해야 한다고 믿는다. 첫 번째는 인류학을 별도의 하위 분야의 집합이 아닌 단일한 학문 분야로 재확립하는 것이다. 두 번째는 사회문화적, 생물물리학적 성향의 인류학자들 간의 새로운 합의를 도출하는 것이다. 두 부류 사이의 적대적인 기류는 인류학에 타격을 주는 위협이며 이는 문화와 인종과 밀접한 위험요소에 직면해 있음을 의미한다. 세 번째는 미래의 인류학이 이론적이고 실험적이며, 설명적이고 분석적일 뿐만 아니라 삶을 변화시킬 수 있는 잠재력을 가질 수 있는 방법을 보여주는 것이다. 이 장의 나머지 부분에서 나는 이 포부를 하나씩 차례로 다룰 것이다.

진정한 반학문

/

몇 년 전에 나는 애버딘 대학교에서 인류학의 새로운 프로그램을 개발할 기회가 있었다. 프로그램이 형태를 갖추기 시작하자 우리는 그것을 뭐라고 불러야 할지 결정해야 했다. '사회인류학', 아니면 냥 '인류학'이라는 이름을 붙여야 할까? 나와 내 동료들은 사회인류학을 공부한 사람들이었다. 그럼에도 우리는 그냥 '인류학anthropology'으로 부르기로 결정했다. 진부하지만 중요했던 한 가지 이유 때문이었는데, 인류학이 A로 시작한다는 것이었다. 요즘처럼 모든 것이 알파벳순으로 배열된 드롭다운 메뉴로 되어 있는 시대에, 목록의 맨 위에 올라와 있는 것만큼 인류학이 중요하다는 신호를 보낼 더 좋은 방법이 어디 있겠는가!

하지만 사실 이것보다 훨씬 더 중요한 이유가 있었다. 바로 우리가 개발하고 학생들에게 제시하려던 프로그램은 거대한 무언가에서 분화된 세부 분야가 아니라 그 자체로 학문이 되어야 하며, 따라서 프로그램이 어떤 특정한 측면이 아니라 인간의 삶에 대한 광범위한 지식에 관심을 두어야 한다고 확신했기 때문이었다. 하지만 이 프로그램은 인류학과 같은 주제에 대해 '학문'이라는 것이 대체 무엇을 의미해야 하는지에 대한 질문을 제기했다. 나의 주장처럼 인류학이 사람들을 연구하기보다 사람들과 함께 연구하는 학문이라면, 어떻게 인류학이 그 자체의 지적 영역에 대한 주장을 할 수 있을까? 인류학이 그렇게 주장하기를 거부하는 한, 인류학은 진정으로 '반反학문'이라고 할 수 있다. 왜냐하면 인류학은 지식의 세계를 각 학문들이 지배할 별도의 부분들로 나누는, 지적 식민지와 같은 개념을 받아들이지 않을 것이기 때문이다.

인류학적 실천을 더 잘 반영하는 학문을 상상하는 또 다른 방법이 있다. 학문적 실천을 대화로, 또 그 실무자를 학계의 공동체로 생각하는 것이다. 2장에서 일반적인 공동체에 대해 배운 내용을 이제 학문에 구체적으로 적용할 것이다. 공동체 속에서 사람들은 공동의 영토를 방위하기 위해 뭉치는 것이 아니라 그들의 차이에 따라 함께 모이게 된다. 즉 인류학은 문화나 다른 무언가에 대한 독점적인 주장을 하는 것이 아니다. 학계의 풍토는 사회생활과 마찬가지로 연속적이다. 그 안에서 인류학자들은 자신의 직감에 따라서 가능성 높고 장래성 있는 자료와 정보, 조사대상을 탐색한다. 그들은 흔적을 쫓는 사냥꾼과 같다. 사냥을 하기 위해서는 동물을 상상해야 한다. 동물의 마음속으로 들어가 그 동물처럼 세상을 인식해야 한다. 그 동물에 대해 모든 것을 다 알아야 한다. 그리고 주변에서 어떤 일이 일어나는지, 그 일이 무엇을 의미하는지에 대해서도 면밀히 관찰해야 한다.

인류학 역시 마찬가지다. 인류학이란 누군가의 꿈을 따르고 세상의 내면으로 들어가 속속들이 파악하고 관찰하면서 배우는 것이다. 그리고 인류학은 사냥꾼들과 마찬가지로 인간 경험의 풍경을 통해 다양한 흔적들을 만든다. 최근의 인류학의 확산, 즉 3장에서 열거한 것처럼 인류학이 의학, 시각, 환경, 인지 등으로 퍼져나가는 상황이 학문의 분열을 촉

> 우리는 인간의 삶을 신체, 마음, 사회라는 층으로 나눌 수 있다거나 인간의 삶에 대한 연구를 생물학자, 심리학자 및 사회학자의 영역으로 나눌 수 있다는 주장을 받아들이길 거부한다. 인류학의 주제는 나누어지지 않은 전체로서의 인류이다.

진하는 결과를 가져오는 것은 아니다. 각각의 경우는 다양한 분야에서 길을 찾을 수 있는 어떤 수단을 제공한다. 그리고 그것은 그들을 하나의 대화에 참여시키는 연속적인 풍경 사이를 관통하는 모든 흔적들의 짜임이다.

이것이 바로 우리 프로그램에서 인간을 다루려고 했던 정신이다. 우리는 인류학을 하나의 학문으로 유지하는 접착제는 경험의 통합이라고 주장했다. 인류학자들은 종종 통합을 '전체주의holism'라는 개념으로 표현한다. 그들은 이렇게 표현함으로써 인류학의 임무가 별도의 연구를 위해 다른 학문 분야 사이에 배분될 수 있는 삶의 측면이 얽히는 점에 초점을 맞추는 것이라고 생각했다. 따라서 경제학자들은 시장을 연구하고, 정치학자들은 국가를, 신학자들은 교회를 연구할지 모르지만 인류학자들은 시장과 국가 그리고 교회가 사람들의 경험에 어떻게 깊숙이 영향을 미치는지를 보여주려는 것이다.

마찬가지로 우리는 인간의 삶을 신체, 마음, 사회라는 층으로 나눌 수 있다거나 인간의 삶에 대한 연구를 생물학자, 심리학자 및 사회학자의 영역으로 나눌 수 있다는 주장을 받아들이길 거부한다. 인류학의 주제는 나누어지지 않은 전체로서의 인류이다. 이런 입장에 대한 고전적인 진술은 프랑스 민족학의 창시자인 마르셀 모스Marcel Mauss가 1934년 집필한 신체 기술에 대한 에세이에 등장한다. 모스는 인간의 생물학적, 사회학적 측면에만 초점을 맞추는 것만으로는 충분하지 않다고 주장했다. '심리적 매개체psychological mediator'라고 부르는 측면이 빠져 있기 때문이었다. 정신은 필연적으로 신체와 사회 사이에 개입한다. 그는 "'전체로의 인간total man'에 대한 삼중관점"이 필요하다고 단언했다.[4]

하지만 전체성의 개념은 위험성을 내포하고 있었다. 바로 완전한 인간이라는 그 존재는 포위되고 억제되어 있다는 것을 가정하기 때문이다. 하지만 존재를 억압하고 있는 매듭을 풀지 않고는 인생은 계속될 수 없다. 인생은 언제나 탈출하기 마련이다. 따라서 전체론과 전체주의는 같은 것이 아니다. 전자는 결합된 존재의 최종성이 아니라 생명의 무한함을 의미하기 때문이다.

간단히 말해서, 인류학은 삶의 과정 속으로 들어가 그 과정을 따라가는 것을 통해 연구하는 학문이다. 이는 아마도 학생들이 인류학이 무엇인지에 대해 새로이 제기하는 질문에 답하는 데 도움이 될 것이다. 인류학은 사회학과 어떻게 다른 것일까? 어떤 이들은 다를 것이 없다고 대답할지 모른다. 래드클리프 브라운에게 사회인류학은 그 자체로 사회학의 한 분야였고 한때 단순하고 소규모이며 전통적이라는 단어로 표현했던 사회에 관심을 가지는 학문으로 분류했다는 사실을 기억해보라. 이 구분은 오늘날 더 이상 적용되지 않는다. 우리 시대에는 인류학자들이 해외에서 일하듯이 집에서 일하고 시골 주변에서 일하듯이 주요 대도시 중심가에서 일하는 경우가 허다하다. 사회학자들은 연구 방법 리스트에 민족지학을 추가하고 정량적 데이터와 질적인 데이터를 혼합해서 분석하는 것으로 그들의 역할을 수행한다. 대학의 많은 학과 및 학위 프로그램에서 사회학과 인류학은 마찰 없이 결합된다.

하지만 나 자신을 비롯한 많은 인류학자들은 여전히 이 두 분야에 커다란 차이가 있다고 느낀다. 비록 정확하게 결론짓기는 어렵지만 나는 그것이 '사회과학'으로 알려진 20세기 중반의 위대한 실험이 남긴 영속적인 유산과 관련이 있다고 믿는다. 그 실험은 사회에서의 사실들을 철저히 과학적인 이해에 맡기자는 것으로, 자연의 객관성과 권위와 동일한 객관성과 권위로 기록하고 분석할 수 있다는 확신에서 시작되었다. 이 확신은 '실증주의positivism'라는 한 단어로 요약할 수 있었다. 뒤이은 사회과학의 진전은 실증주의의 옹호자들과 반대자들 사이의 끊임없는 논쟁에 의해 발목이 잡혔다. 그리고 이러한 격렬한 논쟁의 최고조는 사회학이라는 학문이 현대적 형태로 자리 잡았다는 것에 있었다.

그러나 인류학은 이 모든 논쟁에서 방관자로 남아있었다. 이미 과학 진영과 인본주의 진영은 각각 형질적, 즉 생물체질적biophysical 진영과 사회문화적sociocultural 진영으로 나누어졌고 사회현상의 연구에 과학을 도입하는 프로젝트에 투자할 필요가 거의 없었다. '사회의 자연과학'이라고 부르던 것을 사회인류학으로 정립하자는 래드클리프 브라운의 제안은 결코 받아들여지지 않았다. 사회문화적 성향의 인류학자들은 오히려 실증주의 과학에 합류하기보다는 인문학, 역사, 철학, 비교종교, 언어 및 문학 연구 등에 대한 다른 접근법에 영감을 불어넣는 방향으로 많이 기울었다. 사회문화적 인류학자들은 결코 민족지학적 방식과 완전히 조화를 이루지 못했다. 실제로 사회학자들을 비롯한 다른 사회과학자들은 지속적인 참여나 관찰적 개입이 전혀 필요하지 않은 연구일지라도 이를 위한 질적인 데이터를 산출할 수 있는 대부분의 질문들과 인터뷰를 보완하기 위해 참여적 관찰을 의미하는 인류학적 용어를 사용해온 바 있다.

질문을 하고 대답을 기다리다

/

오늘날 사회과학의 과제는 '더 과학적인' 과학으로부터도 버려진 지 오래인 실증주의에 대한 헌신, 그리고 인간 삶의 형태에 대한 객관적 탐구의 가능성에 관한 해결 불가능한 분쟁 때문에 대부분 스스로 소진되어 버렸다. 사회과학은 경제학과 경영학 연구부터 교육과 사회심리학에 이르는 학문 연합체와 마찬가지의 분야로만 존재하고 있다. 즉 지적 일관성의 어떤 근거가 아닌 행정적 편의를 위해 한데 모여 있다. 인류학은 공식적으로 사회과학으로 분류되기는 하지만 사회과학에 아주 약한 기반만을 갖고 있을 뿐이다. 나는 인류학이라는 학문의 미래가 다른 어떤 곳에 있다고 믿는다. 그것은 바로 현대 과학과 예술의 융합이다.

그러나 여전히 정화의 대상으로 남아있는 두 내부적 악마들에 맞서지 못한다면 인류학은 이런 통합으로 향할 수 없고 미래로 나아갈 수도 없다. 인류학자들은 때로 현장의 대중들 사이에서 사실들에 관여해야 할 때면 단어들의 의미에 대해서 끊임없이 걱정하고 있다고 비난받는다. 하지만 그 단어가 중요하지 않다고 생각하는 사람들에게는 '인종'과 '문화' 등의 예는 그만 들어야 한다. 미국의 인류학자 에릭 울프 Eric Wolf가 말한 바와 같이, '인종 개념'이 '살인과 대량학살을 주도하고 있다.'[5]

울프는 발칸에서의 전쟁이 절정에 달하여 '민족정화' 작업의 일환으로 발칸 전체 지역 공동체가 완전히 사라지고 있던 1990년대 초반에 글을 쓰고 있었다. 여기서는 인종이 아닌 문화가 학살에 동기를 부여했지만 그 결과에 영향을 미친 사람들은 그와 마찬가지로 파괴적이었다.

그렇다면 어떤 원리가 그처럼 폭발적인 잠재적 대량 살상무기를 만들기 위해 인종과 문화라는 개념과 결합할까? 두 가지가 있다. 바로 '본질주의essentialism'와 '계승inheritance'이다.

이들은 각각은 무해하지만 서로 결합했을 때 치명적이다. 본질주의는 이미 2장에서 언급했던 학설로, 집단은 반드시 구성원들이 공통적으로 갖고 있는 어떤 속성에 의해 정의된다는 것이다. 계승은 이러한 속성이 각 세대의 수령인이 태어나기도 전에 독립적으로 부여된다는 원칙이다. 계승의 메커니즘은 유전적일 수도 있고 모방적일 수도 있으며 그 속성들은 선천적이거나 후천적인 것들이다. 그리고 이런 논리는 본질주의적 사고와 결합하여 인류학적 구조에 깊이 박혀 있다.

인류학자들은 인류학에서 인종주의적 사고의 독성을 없애기 위해 두 가지 방법을 시도했다. 첫 번째는 내가 이미 언급했던 바와 같이, 현생인류를 종에서 아종亞種 수준으로 좁혀서 분류하는 방법이다. 물론 모든 인간이 하나의 하위 종에 속한다고 확언하는 것은 인종의 개념을 부인하는 것과는 거리가 멀다. 인종이 존재할 뿐만 아니라 오랜 옛날 선사시대에는 실제로 인류와는 별개의 다른 종족이 있었다고 주장하는 것이다. 이 이야기는 우리 종족의 조상격의 존재들이 어떻게 다른 아종의 인간인 네안데르탈 원주민 집단을 희생시키면서 유럽 대륙을 침략했는지를 말해준다. 불운한 운명의 네안데르탈인은 약 4만 년 전에 멸종된 것으로 보인다. 하지만 그들은 멸종되기 수천 년 전부터는 우리와 같은 종의 인간들과 함께 살았고 심지어 인류와 교배하기까지 했다.

이처럼 우리가 구석기 시대에 살았다면 인종에 대해 이야기할 수 있었을까? 우리는 여전히 우리 조상들이 그들의 경쟁자들은 가지지 못한 속성을 갖고 있던 덕분에 경쟁에서 이겼다고 알고 있다. 그 속성은 이후로 우리의 유전자에 박혀 있기 때문에 현대 인류에게는 흔하다는 것이다. 인류학자들이 인종주의적 사고의 해악을 없애려고 시도했던 두 번째 방법은 유산의 개념을 유전으로 대체하는 것이었다. 하지만 이 방법으로도 본질주의와 계승주의의 혼합은 흔들리지 않았다. 인류학자들은 인간은 인종이 아니라 문화로 나뉘어 있다고 주장한다. 그러나 인류학자들이 독립적인 문화가 존재한다고 주장하는 근거가 유전적으로 계승된 변이에 다시 적용된다면 이는 곧바로 인종의 존재 근거로 사용될 것이다.

다시 말하자면 인류학자들은 인종에 대한 과학을 부인하려는 열망 때문에 인종학을 야기하는 원리를 재현하려고 노력한 셈이다. 이런 일이 어떻게 일어났는지 이해하기 위해서

"

앞으로 다가올 인류학의 과제는 진화론적 과학의
근거를 바꾸는 것이다. 이는 저 먼 바다에 있는
슈퍼탱커처럼 천천히 움직이겠지만 결국에는 방
향을 바꿀 것이다. 그때에 이르러서야 인류학은
마침내 인류의 경험의 풍부함과 불가분성이 일치
함을 재발견할 것이다.

"

는 애초에 체질인류학과 문화인류학이라는 궤도로 분리했던 합의로 되돌아가야 한다. 이는 크로버가 1917년 자신의 논문 「초유기체The superorganic」에서 처음으로 확립한 것으로, 각 연구가 다른 연구들과 어느 정도 독립적으로 진행될 수 있도록 생물학적 그리고 문화적 변이의 완전한 독립을 주장했다. 3장에서 보았듯이 이 합의는 생물학적 측면보다 문화적 측면에서 더 빨리 이루어졌고, 이 때문에 체질인류학에서는 2차 세계대전이 끝날 때까지 노골적인 인종적 과학이 번성할 수 있었다.

하지만 전후의 인류학자들은 전쟁 기간 동안 인류학을 훼손시켰던 인종주의에 너무나 많은 괴롭힘을 당한 나머지 더이상 스스로 문화적 차이가 그 자체로 생물학적일 수도 있다는 생각을 허용할 수 없었다. 그러한 생각은 문자 그대로 상상할 수도 없었다. 이 합의는 1996년 미국체질인류학자협회 AAPA가 발행한 《인종에 관한 성명서Statement on race》에서도 되풀이되었다.[6] 이 성명서는 '생물학적 특성과 문화적으로 구분된 그룹이 반드시 일치하는 것은 아니다'라는 주장으로 시작하고 있다. 그리고 '유전적 특성의 영향에 문화적 특성을 부여하는 것은 정당하지 않다'고 결론짓고 있다. 이 단어들 속에는 그 성명서가 없애야 한다고 주장하는 바로 그 사고가 싹트고 있기 때문에 다시 주의를 집중해야 한다. 그것은 처음에는 '생물학적 특성'이라고 불리다가 결국에는 '유전적인 특징'이라고 불리는 것의 속성이다.

문제의 진정한 근원은 크로버가 생각하고 APPA가 반복했던 것처럼 문화적 특성과 생물학적 특성을 혼동해서가 아니다. 바로 유전된 특성의 생물학적 속성에 있다. 그리고 이런 속성은 인간의 변이를 각각 '생물학적'과 '문화적'으로 바라보는 시각, 그리고 모든 인간을 이 두 특징이 복합적으로 혼합된 존재로 간주하는 진화적 접근의 핵심에 여전히 남아있다. 유전적 체질에 대한 이원적인 개념 혹은 '이중 노선twin-track'에 기초한 생물문화적 진화bioculural evolution에 대한 이론 중 하나는 유전적 복제를 통한 연구이고 다른 하나는 그것의 학습기반 유사체를 통한 연구이며 이들은 계속해서 대중적인 지지를 얻고 있다.

하지만 2장에서 보았듯이 이러한 이론들은 본질적으로 순환적이며 개체발생의 결과를 원인이라고 가정한다. 그들에게 발생되는 과정에 앞서 개발 중인 유기체의 특성을 설치함으로써 순환을 끝내는 척하는 것이 유전적 특성의 논리이다. 유전적 특성은 개발 경로를 우회하는 논리의 지름길로 사용된다. 그러나 이 경로는 생물학적 특성들이 그 자체가 문화적으로 차별화된다는 전제 하에 새로운 합의로 향하는 길을 가리킨다. 바로 문화적 변이와 생물학적 변이가 일치한다는 이론인데, 이는 20세기의 인류학에서는 상상할 수 없었지만 21세기 인류학의 토대로 부상했다. 이 이론은 운동이 어떻게 신체를 훈련시키고 감각을 인식하도록 하는지에 대한 연구를 통해, 발달하는 경험에 대한 뇌의 순응성을 보여주는 신경가소성에 대한 연구로 입증할 수 있다. 또한 영양과 신체적 작용이 골격의 성장에 미치는 영향을 보여주는 해부학 연구에서도 마찬가지로 입증된다.

유전적 특성의 족쇄에서 생물학적 변이를 해방시키고 유산이라는 멍에에서 문화적 차이를 해방시킴으로써 우리는 마침내 인종과 문화의 악마를 매장할 수 있다. 인류를 별개의 인종들로 나눌 수 없는 것과 정확히 같은 이유로 문화도 별개의 문화들로 나눌 수 없다. 그 이유는 역사에 있다. 인간은 역사의 행위자로서 언제나 자신의 삶의 생산자였다. 게다가 이 역사는 유기적인 세상 전역에서 일어나는 삶의 과정의 일부이다. 그 과정을 진화라고 불러도 좋다. 그러나 이는 대부분의 진화인류학을 공부하는 학생들이 사용하는 뜻과는 다르다. 돌이켜보면 인류학의 비극은 진화라는 패러다임이 엄밀한 다원주의적 용어로 인식되면서 인류학의 사회문화적 진영과 형질적 진영 간의 교환조건을 설정했다는 데에 있다.

현대적인 신다원주의에서의 패러다임은 유전적 성질의 계산법과 타협하지 않고 평론의 편협함에 초점을 맞추지 않는다. 인류학에서 그것은 막다른 골목이나 마찬가지다. 현실의 사람들을 그들의 유전적 특성이 가진 희화된 애니메이션 정도로만 취급하는 이론가들은 스스로를 그 대화에서 배제했다. 그들은 다른 사람들을 진지하게 받아들이겠다고 공언하는 미래의 인류학에서 아무런 역할을 할 수 없다. 앞으로 다가올 인류학의 과제는 진화론적 과학의 근거를 바꾸는 것이다. 이는 저 먼 바다에 있는 슈퍼탱커처럼 천천히 움직이겠지만 결국에는 방향을 바꿀 것이다. 그때에 이르러서야 인류학은 마침내 인류의 경험의 풍부함과 불가분성이 일치함을 재발견할 것이다.

그렇다면 이 인류학은 과학일까, 예술일까? 앞서 나는 인류학자를 사냥꾼과 비교했다. 사냥감을 관찰하면서 배우고 사냥감을 이해하기 위해 그 내부로 들어가는 삶의 방식을 따르는 몽상가 말이다. 우리의 감각을 다시 깨우고 앞으로 전개되는 삶 속에 있는 존재의 내부로부터 지식을 얻는 것은 이론의 여지는 있지만 분명 예술의 역할이다. 가장 인류학적인 예술가인 파울 클레Paul Klee는 1920년 그의 작품에서 이렇게 단언했다. "예술은 눈에 보이는 것을 재현하는 것이 아니라 눈에 보이도록 만드는 것이다."[7]

클레의 격언은 인류학에도 적용된다. 예술이나 인류학이 세상을 비추는 거울을 들고 있는 것은 아니다. 오히려 세속적인 것을 불러일으키는 관계와 과정으로 들어가 그것들을 우리의 인식 영역으로 끌어들이는 역할을 한다. 그리고 예술과 마찬가지로 인류학은 사물을 있는 그대로 기술하고 분석하는 데만 몰두할 필요가 없다. 실험적일 수도 있고 사색에 잠길 수도 있다. 인류학자의 연구 현장은 당연히 실험실이 아니며 이미 예상한 가설을 실험하기 위해 정교하게 시나리

오를 설정해놓은 과학적 의도를 가진 장소도 아니다. 인류학자는 일상적인 삶의 매 순간마다 무언가에 개입하고 그 개입이 이끄는 곳을 따라가며 실험할 수 있다. 이는 다른 사람들과 세계에 대해 질문을 던지고 그들의 대답을 기다리는 것이다. 이런 실험은 어떤 대화에서든 일어날 수 있고 그 모든 대화와 마찬가지로 관련된 모든 사람들의 삶을 변화시킨다.

그러나 이 때문에 인류학적 대화는 탐구의 예술로 여겨지며 과학과 대립할 필요가 없다. 오히려 과학을 실행하는 다른 방법으로 인도한다. 이 방법은 오늘날 과학을 추월하는 것보다 훨씬 더 겸손하고 인도적이며 지속 가능하다. 인류학은 부당하게 세상을 설명하기 위해 독점적인 힘을 요구하는 학문이 아니라 세상과 합류하는 방법이다. 인류학은 모든 것을 데이터로 환원하거나 연구 정책 입안자가 '산출outputs'이라고 부르는 것을 열망하지 않는다. 사실 다른 분야의 학자들처럼 우리도 책과 기사를 출간하고, 전임자들의 가치 있는 공헌으로 이룩한 저술과 보고서를 수집하며, 학생들에게 그것을 읽히려고 노력한다. 하지만 그것이 궁극적으로 중요하지는 않다.

인류학의 진정한 공헌은 저술이 아니라 인류학이 삶을 변화시키는 가능성을 갖고 있다는 점이다. 이것이 '응용인류학applied anthropology'이라는 개념이 이 분야에서 그다지 큰 영향을 미치지 못하는 이유이다. 순수하고 쓸모없는 지식을 유지하고 싶어서가 아니다. 모든 지식은 다른 사람들과 실질적인 관계를 통해서 자라기 때문이다. 인류학자를 최후의 수단으로 이끄는 것은 지식에 대한 요구가 아니라 보살핌에 대한 가치 체계이다. 우리는 다른 사람들을 조사의 대상으로 취급하거나 어떤 범주나 맥락으로 분류하거나 그들을 설명하는 것에는 관심이 없다. 우리는 사람들을 존재 그 자체로 대하고 그들이 우리와 대화할 수 있으며 우리도 그들에게서 배울 수 있다는 사실에 관심을 가지는 것이다. 그것이 세상의 모든 사람들을 위한 공간을 이룩하는 방법이며, 함께해야만 이 세상을 만들어 나갈 수 있다.

주

1장 인간에 대한 진지한 접근

1. Marx's observation comes from his essay of 1852, The Eighteenth Brumaire of Louis Bonaparte: 'Men make their own history', he wrote, 'but they do not make it as they please; they do not make it under self-selected circumstances, but under circumstances existing already, given and transmitted from the past.'

2. Arif E. Jinha, 'Article 50 million: an estimate of the number of scholarly articles in existence', Learned Publishing 23 (2010): 258–63.

3. A. Irving Hallowell, 'Ojibwa ontology, behavior and world view', in Culture in History: Essays in Honor of Paul Radin, ed. Stanley Diamond (New York: Columbia University Press, 1960), pp. 19–52. The quotation is from p. 24.

4. Emile Durkheim, The Elementary Forms of the Religious Life, trans. Joseph Ward Swain, 2nd edition (London: Allen & Unwin, 1976).

2장 유사점과 차이점

1. Giorgio Agamben, The Open: Man and Animal, trans. Kevin Attell (Stanford, CA: Stanford University Press, 2004), p. 27.

2. Richard Dawkins, The Selfish Gene (Oxford: Oxford University Press, 1976); Susan Blackmore, The Meme Machine (Oxford: Oxford University Press, 1999).

3. Henrietta Moore, A Passion for Difference: Essays in Anthropology and Gender (Bloomington: Indiana University Press, 1994).

4. Donald Brown, Human Universals (New York: McGraw-Hill, 1991).

5. Steven Pinker, The Language Instinct (New York: William Morrow, 1994).

6. Geertz's essay, 'The impact of culture on the concept of man', was first published in 1966. See Clifford Geertz, The Interpretation of Cultures (London: Fontana, 1973), pp. 33–54. The quotation is from p. 45.

7. John Tooby and Leda Cosmides, 'The psychological foundations of culture', in The Adapted Mind: Evolutionary Psychology and the Generation of Culture, eds Jerome H. Barkow, Leda Cosmides and John Tooby (New York: Oxford University Press, 1992), pp. 19–136. The quotation is from p. 33.

8. Edmund Leach, A Runaway World? (London: Oxford University Press, 1967), p. 34.

9. Bruno Latour, We Have Never Been Modern, trans. Catherine

Porter (Cambridge, MA: Harvard University Press, 1991).

3장 분열된 학문

1. Thomas Henry Huxley, Man's Place in Nature and Other Essays (London: Macmillan, 1894), p. 152.

2. Robert W. Reid, Inaugural Lecture: The Development of Anthropology in the University of Aberdeen (Aberdeen: Aberdeen University Press, 1934), p. 18.

3. Arthur Keith, The Place of Prejudice in Modern Civilization (London: Williams & Norgate, 1931), p. 49.

4. Alfred Reginald Radcliffe-Brown, Structure and Function in Primitive Society (London: Cohen & West, 1952), p. 2.

5. Marshall Sahlins, Stone Age Economics (London: Tavistock, 1972), p. 81. Sahlins does not name his source.

6. Alfred L. Kroeber, 'The superorganic' (1917), in his The Nature of Culture (Chicago: University of Chicago Press, 1952), pp. 22–51.

4장 사회를 다시 생각하다

1. Edmund Leach, Rethinking Anthropology (London: Athlone Press, 1961), pp. 2–3.

2. Thomas Kuhn, The Structure of Scientific Revolutions (Chicago: University of Chicago Press, 1962).

3. Ferdinand de Saussure, Course in General Linguistics, eds Charles Bally and Albert Sechehaye, trans. Wade Baskin (New York: Philosophical Library, 1959).

4. Claude Levi-Strauss, Totemism, trans. Rodney Needham (London: Merlin Press, 1964).

5. Fredrik Barth, Models of Social Organization (Royal Anthropological Institute Occasional Paper 23) (London: Royal Anthropological Institute, 1966).

6. Tim Ingold, The Appropriation of Nature: Essays on Human Ecology and Social Relations (Manchester: Manchester University Press, 1986).

7. Edward O. Wilson, Sociobiology: The New Synthesis (Cambridge, MA: Harvard University Press, 1975).

8. Meyer Fortes, Rules and the Emergence of Society (Royal Anthropological Institute Occasional Paper 39) (London: Royal Anthropological Institute, 1983).

5장 미래를 위한 인류학

1. David Sloan Wilson, 'The One Culture: four new books indicate that the barrier between science and the humanities is at last breaking down', Social Evolution Forum, The Evolution Institute, 2016, available at https://evolution-institute.org/focus-article/the-oneculture/?source=sef.

2. European Association of Social Anthropologists, 'Why anthropology matters', Prague, 15 October 2015, available at https://www.easaonline.org/down loads/publications/policy/EASA%20policy%20paper_EN.pdf.

3. Horace Miner, 'Body ritual among the Nacirema', American Anthropologist 58 (1956): 503–7.

4. Marcel Mauss, 'Body techniques' [1934], in Sociology and Psychology: Essays by Marcel Mauss, trans. Ben Brewster, Part IV (London: Routledge and Kegan Paul, 1979), pp. 97–23. The quotation is from p. 101.

5. Eric Wolf, 'Perilous ideas: race, culture, people', Current Anthropology 35 (1994): 1–12.

6. American Association of Physical Anthropologists, 'Statement on biological aspects of race', American Journal of Physical Anthropology 101 (1996): 569–70.

7. Paul Klee, Notebooks, Volume I: The Thinking Eye, ed. Jurg Spiller, trans. Ralph Mannheim (London: Lund Humphries, 1961), p. 76.

더 읽어볼 책

사회인류학 및 문화인류학 입문서

Joy Hendry. An Introduction to Social Anthropology: Sharing Our Worlds. New York: Palgrave, 2016.

John Monaghan and Peter Just. Social and Cultural Anthropology: A Very Short Introduction. Oxford: Oxford University Press, 2000.

Thomas Hylland Eriksen. Small Places, Large Issues: An Introduction to Social and Cultural Anthropology. London: Pluto Press, 1995.

Michael Carrithers. Why Humans Have Cultures: Explaining Anthropology and Social Diversity. Oxford: Oxford University Press, 1992.

한 번쯤 읽어볼 만한 관련서

Ingold, ed. Key Debates in Anthropology. London: Routledge, 1996.

Adam Kuper. Anthropology and Anthropologists: The Modern British School (3rd edition). London: Routledge, 1996.

Clifford Geertz. The Interpretation of Cultures. London: Fontana, 1973.

참고할 만한 책들

Nigel Rapport and Joanna Overing. Social and Cultural Anthropology: The Key Concepts. London: Routledge, 2000.

Alan Barnard and Jonathan Spencer. Encyclopedia of Social and Cultural Anthropology. London: Routledge, 1996.

Tim Ingold, ed. Companion Encyclopedia of Anthropology: Humanity, Culture and Social Life. London: Routledge, 1994.

왜 그리고 어떻게 인간을 연구하는가

팀 잉골드의 인류학 강의

1판 1쇄 찍음   2020년 8월 12일
1판 1쇄 펴냄   2020년 8월 19일

지은이   팀 잉골드
옮긴이   김지윤
펴낸이   조윤규
편집   민기범
디자인   홍민지

펴낸곳   (주)프롬북스
등록   제313-2007-000021호
주소   (07788) 서울특별시 강서구 마곡중앙로 161-17 보타닉파크타워1 612호
전화   영업부 02-3661-7283 / 기획편집부 02-3661-7284 | 팩스 02-3661-7285
이메일   frombooks7@naver.com

ISBN   979-11-88167-33-3 03300

이 도서의 국립중앙도서관 출판예정도서목록(CIP)은 서지정보유통지원시스템 홈페이지 (http://seoji.nl.go.kr)와 국가자료공동목록시스템(http://www.nl.go.kr/kolisnet)에서 이용하실 수 있습니다. (CIP제어번호 : CIP2020031728)